t   r   a   n   s
p o s i t i o n e n

D1673463

Dieter Mersch

Ordo ab chao – Order from Noise

diaphanes

1. Auflage
ISBN 978-3-03734-382-1

Satz und Layout: 2edit, Zürich
Druck: Pustet, Regensburg

Ordo ab chao

Ordo ab chao, »Ordnung aus Chaos«, bildet eines der ältesten Extrakte antiker Mystizismen, das die Freimaurer zu ihrem geheimen Wahlspruch erhoben haben.[1] Mit der Parole *Order from Noise* kehrt er in der *Second Order Cybernetics* wieder, die auf diese Weise ihren Ordnungsanspruch ebenso bezeugt wie ihre esoterische Herkunft. In beiden Formeln spiegelt sich die Auffassung wider, dass das Grundproblem der menschlichen Kulturen – wie gleichermaßen des Denkens, der Evolution, des Bewusstseins und der politischen Formation des Sozialen – in der Herstellung und Aufrechterhaltung eines *Zusammenhangs* besteht: dessen spontane oder mittels Kontrolle aus einer ursprünglichen Unordnung hervorgehende ›Verbindlichkeit‹. Die Verbindung, die ›Sammlung‹ oder ›Versammlung‹ in der vielfachen Bedeutung von *agora, koinos, syllogē, synagogē, synoikēma, syntagma, systasis* und *systēma* wirft dabei die Frage nach ihrer jeweiligen ›Fügung‹ auf, wie sie unter anderem Martin Heidegger unter dem Stichwort der »Fuge« in seinen Überlegungen zum *Spruch des Anaximander* diskutiert hat.[2] Das Geheimnis besteht also

---

1 Wahlspruch der Obersten Räte des freimaurerischen Systems des *Alten und Angenommenen Schottischen Ritus*.
2 Martin Heidegger, »Der Spruch des Anaximander«, in: ders., *Holzwege*, Frankfurt/M. 1972, S. 296–343, hier S. 325ff.

darin, eine zunächst lose Streuung, ein Unzusammenhängendes oder Unverbindliches – die »Struktion« im Sinne Jean-Luc Nancys[3] – in eine Organisation zu bringen und ihm eine Ordnung aufzuerlegen, *aufzuzwingen*; und die leitenden Vorstellungen, das demonstrieren die reichen Konnotationen, die der Ausdruck ›Organisation‹ zulässt, argumentieren zumeist anthropomorph oder ›biomorph‹. Als Vorbild fungiert der organische Bau des Körpers, das Zusammenwirken seiner Teile im Ganzen, und zwar dahingehend, dass die Natur, die *physis* dem *ordo ab chao* seine Idee bzw. Idealität vorgibt, um das, was im eigentlichen Sinne ›das Politische‹ genannt werden kann, zu stiften. In den kybernetischen Registern wird diese *ordo* durch das Technische, im näheren durch die zyklischen Strukturen des *Feedback* ersetzt. Es *automatisiert* die Selbststeuerung, wobei nicht vergessen werden darf, dass das *automaton* dasjenige bezeichnete, das ›von selbst‹ geschieht.

Diese Ersetzung wirft die Frage nach dem Verhältnis zwischen *physis* und *technē* auf. *Physis* ist wörtlich ›das aus sich selbst Wachsende‹, während *technē* die Kunstfertigkeit der menschlichen Produktion (*poiesis*) meint, die der *physis* nachgeordnet ist, sodass überall die Natur dem *poiein* vorangeht, um für das ›Werk‹, die Tätigkeit und ihre Hervorbringung Modell (*paradeigma*) zu stehen. Im Rahmen der ›Kybernetisierung‹, des *order from noise*, das die Natur nicht nur durchgängig automatisiert, sondern mathematisiert, scheinen beide ineinander überzugehen

---

3 Vgl. Jean-Luc Nancy, »Von der Struktion«, in: Erich Hörl (Hg.), *Die technologische Bedingung. Beiträge zur Beschreibung der technischen Welt*, Frankfurt/M. 2011, S. 54–72, hier vor allem S. 61f.

und tendenziell *indifferent* zu werden. Mehr noch: Die Technik modelliert die Natur, sodass sich mit der Kybernetik nicht nur etwas wiederholt, sondern auch eine *Inversion* geschieht: *Ordo ab chao*, die Beschwörung der ›kosmologischen‹ Ordnung gegen das Chaos – sei dieses, wie in der Hesiod'schen *Theogonie*, gleichursprünglich mit Gaia, sei es als formlose Materie gedacht, als *diabolon*, dem ›Durcheinanderwerfen‹, oder, wie in den gnostisch-manichäistischen Lehren, als das ›Böse‹ und in den christlichen als ›Satan‹ bestimmt, welche sämtlich dem *symbolon*, dem ›Zusammenwerfen‹ oder der Göttlichkeit, dem Geist entgegengesetzt sind –, scheint jetzt technisch machbar, und zwar mittels infiniter Regelkreise, die vorgeben, das spontane Auftauchen von Ordnung aus lauter iterativen Schleifen zu bewerkstelligen.

Während das Symbol der Freimaurer der *doppelköpfige Phönix* war, der zu Asche wird, um aus ihr von Neuem sein Haupt zu erheben und den ewigen Kreislauf zwischen Werden und Vergehen zu verkörpern, ist das korrespondierende Symbol der kybernetischen ›Revolvierung‹ das *Feedback*, die mathematisch angebbare Rekursion, die, angelehnt an das Unendlichkeitszeichen der *figura serpentinata*, eine ähnliche Bewegung durchmacht. Wir bekommen es dabei mit einem potenziell Unendlichen, einer *Virtualität* zu tun, die sich zu sequenziellen Ketten verknüpft – wohingegen die Vorstellungswelt der Freimaurer durch eine sich beständig fortzeugende *Metamorphose* regiert wurde, die einem hierarchischen Gestaltwandel vom Niederen zum Höheren glich. *Ordo ab chao* bezeichnet diese *Entstehung des Geistigen, Intelligiblen aus der Opazität des Stoffes, der In-Intelligibilität der Materie*, die auch in einem weiteren, für das Freimaurertum maßgeblichen Symbol zum Ausdruck kam: der Pyramide. Demgegenüber bedeutet das kybernetische *Order from Noise* eine aus der Unbestimmtheit des ›weißen‹ Rauschens durch mathematische Reihenbildung sich spontan abzeichnende Konvergenz. Im ersten Falle haben wir es mit einem idealen *geometrischen* Körper zu tun, einer in sich geschlossenen Figuration, die alle Züge von Ganzheitlichkeit und Gesetz vereint, während die kybernetischen Modelle *algebraisch* verfahren, um sich in Form sukzessiver Serien fortzuschreiben. Sie privilegieren – das wird eine unserer Behauptungen sein – trotz aller Zirkularität den Linearismus, denn die Serie ist immer linear, sie beruht auf ihrer Hintereinanderausführung, der Addition, weshalb noch die komplexesten Rechnungen und ihre vermeintliche Parallelprozession den *Logismus* voraussetzen.[4]

Auffallend ist zudem, dass wiederum beide Wendungen eine dezidiert musikalische Metaphorik aufrufen: *Ordo ab chao* verkörpert den Zusammenklang, die *sym-phonia* aller Teile, welche *in sich stimmen* und damit trotz ihrer Verschiedenheit mit einer *einheitlichen* Stimme sprechen – kosmologisch als *harmonia*, als Ausgleich der Elemente im ebenfalls seit alters überlieferten *Geviert von Erde, Feuer,*

—

4 Es ist ein Mythos, wie er vor allem zur Frühzeit der Kybernetik und ihrer philosophischen Rezeption gehört, dass wir es hier mit einer völlig neuen Form von Physik bzw. Naturwissenschaft zu tun bekommen. In Wahrheit führt die ihr zugrunde liegende mathematische Modellierung nur das neuzeitlich begonnene Werk der Infinitesimalisierung und Serialisierung sowie der modernen Formalisierung der mathematischen Sprache durch Konzepte wie der ›rekursiven Funktion‹ fort. Wir werden noch darauf zurückkommen.

Wasser, Luft gedacht, wohingegen das *Order from Noise* seine musiktheoretische wie praktische Entsprechung in der Erzeugung jenes *Sounds* findet, der dem Geräusch, dem Lärm durch das *Feedback* der E-Gitarre entlockt wird, die mit einem systematisch übersteuerten und damit verzerrten Ton spielt. In beiden Fällen aber, das ist die Pointe, kommt in den Parolen *Ordo ab chao* und *Order from Noise*, unabhängig von ihrer Begründung, ein kulturelles Beherrschungs- oder Kontrollphantasma zum Ausdruck – und es ist vielleicht kein Zufall, dass im Gegenzug die Black-Metal-Gruppe *Mayhem* aus der Zweideutigkeit des Feedback-Sounds der E-Gitarre die exakte Umkehrung ableitete und eine CD mit dem Titel *Ordo ad chao* herausbrachte: Ordnung, die ins Chaos zurückstürzt. Die kulturelle Revolte der 1960er und 70er Jahre, der der Sound entstammt, hat aus diesem Umsturz ihr Credo bezogen. Was dem Aufbau, der Konstruktion dient, eignet sich gleichermaßen auch zu deren ›Abbau‹, zu ihrer »Destruktion«.[5] Beide Lager der Kybernetik, auf die wir noch genauer zu sprechen kommen

—

5 Erinnert sei mit den Ausdrücken ›Abbau‹ und ›Destruktion‹ an die Heidegger'sche »Destruktion der Metaphysik«, die nicht deren Zerstörung, sondern die Ausräumung ihrer impliziten Vorurteilsstruktur bedeutet. Vgl. dazu Martin Heidegger, *Sein und Zeit*, Tübingen 12. Aufl. 1972, vor allem §§ 5, 6; S. 15ff. u. § 44, S. 212ff.; ders., *Einführung in die Metaphysik*, Gesamtausgabe Bd. 40, Frankfurt/M. 1983 sowie ders., *Beiträge zur Philosophie (Vom Ereignis)*, Gesamtausgabe Bd. 65, Frankfurt/M. 1989, vor allem §§ 33ff., S. 72ff., §§ 168ff., S. 293ff. u. §§ 204ff., S. 327ff. Es ist bekannt, dass der Derrida'sche Terminus der »Dekonstruktion«, der mit der Einfügung des Partikels ›kon‹ in der Mitte des Wortes scheinbar beide Prozesse, der der Konstruktion wie der Destruktion, ineinander schiebt, nichts anderes als ein Übersetzungsvorschlag für die spezifisch Heidegger'sche Verwendung von »Destruktion« ins Französische bildete.

werden, die steuerungsversessene Rechte genauso wie die kreativitätsverliebte Linke, haben aus dieser Opposition Profit geschlagen. Sie verhalten sich zueinander wie Korrelate: Auf die stets gewaltsam erpresste Aufrichtung einer Ordnung aus Chaos und ihrer politischen Instantiierung wie überhaupt aus jedem Ordnungsphantasma folgt die Sehnsucht nach deren Untergang und Zerfall, ihre Auflösung in Anarchie und Freiheit.

Dematerialisierung als technischer ›U-topos‹

Keineswegs besteht jedoch die Absicht des Vergleichs zwischen Freimaurertum und Kybernetik in ihrer einfachen Gleichsetzung – der Diskreditierung der »kybernetischen Hypothese«, wie *Tiqqun* sie genannt hat,[6] als schieren Obskurantismus. Vielmehr geht es darum, den Grundsatz *Order from Noise*, wie ihn die *Second Order Cybernetics* geprägt hat, in die *Geschichte der Episteme* zurückzustellen, die die Entstehung von Ordnung aus Chaos im Rahmen von Philosophie, Religion oder Wissenschaft zu denken versucht hat. Diese Geschichte führt insbesondere von der Aristotelischen *entelechia*, der Ausfaltung des Vollkommenen im Unvollkommenen, über die christliche Philosophie, die sie im Gefolge des Neuplatonismus als Stufenbau der Erscheinungen bis zur höchsten Sphäre des Göttlichen auslegte, zur ›christlichen‹ Kabbala der frühen Neuzeit,[7] der Alchimie und den verschiedenen Signaturenlehren,[8] die in der Natur selbst den Geist entdeckten –

---

6 Tiqqun, *Kybernetik und Revolte*, Zürich-Berlin 2007.
7 Vgl. dazu bes. die Arbeiten von Wilhelm Schmidt-Biggemann, *Philosophia perennis: Historische Umrisse abendländischer Spiritualität in Antike, Mittelalter und Früher Neuzeit*, Frankfurt/M. 1998, ders., *Geschichte der christlichen Kabbala. Band 1: 15. und 16. Jahrhundert*, Stuttgart 2012.
8 Vgl. insb. zur ›Semiologie‹ der Signaturenlehre unsere Überlegungen in: »Die Sprache der Dinge. Semiotik der Signatur bei Paracelsus und Jakob Böhme«, in: Martin Zenck, Tim Becker, Raphael Woebs (Hg.), *Signatur und Phantastik in den Künsten und Kulturwissenschaften der Renaissance*, München 2008, S. 47–62.

wie auf der anderen Seite ihr Geistiges im Verlauf derselben Stufenfolge von sieben, in manchen Varianten bis zu 33 oder mehr Schritten verwirklicht werden musste, um zur Erkenntnis des Absoluten zu kommen. Die merkwürdigen Formeln *Ordo ab chao* und *Order from Noise* schließen daran an – doch was noch bis ins 18. Jahrhundert im Zeichen von Aufklärung die Aufgabe *geistiger Bildung* war und in Geheimgesellschaften praktiziert wurde, hat das 19. Jahrhundert in Naturwissenschaft und Technik überführt. Sieht man sich darüber hinaus das Paar *Ordo ab chao/Order from Noise* genauer an, fällt auf, dass beide auf die Entwicklung von Kulturtechniken zur Realisierung von *Herrschaft* setzen, sei es als Bemächtigung der Natur durch den Menschen, um sie durch *Rationalisierung* zu disziplinieren, oder sei es durch die Ermächtigungen der Technik andererseits, um sie von Mangel, Kontingenz und Endlichkeit zu erlösen. Dabei vollendeten die Technisierungsschübe des 19. Jahrhunderts durch praktische Vernunft und Ingenieursleistung das Projekt der Aufklärung, das seinerseits an die christliche Theologie anschloss. Der Erlösungsgedanke bleibt in allen Fällen virulent: entweder als *meditatio* und Reinigung des Geistes (religiöse *askesis*) oder durch die logische Askese und ›Klärung‹ des Verstandes (*clare et distincte*) seit Descartes bzw. in Gestalt einer Optimierung und Instrumentalisierung der Verfahren im technischen Funktionalismus. Die Kybernetik hat in dieser Hinsicht nur die äußerste Konsequenz gezogen: Ersetzung der klassischen Mechanik und ihrer Physik durch Mathematik und Informationstheorie. Gleichzeitig impliziert sie die Gleichsetzung des Gehirns und seines Nervensystems als Entscheidungs-, Imaginations- und Erinnerungsorgan mit der Rechenmaschine und damit die bruchlose Identifizierung von Denken und Rechnen als Inbegriff ebenso systemischer wie algorithmischer Vernunft.[9]

Von Anfang an waren dabei unterschiedliche, gleichwohl zusammenhängende Kulturtechniken im Spiel, die das Mathematische zwar immer schon auszeichneten, die es nunmehr aber in seine unumschränkte Souveränität rückten: *zunächst* der Symbolismus in Antike, Mittelalter und früher Neuzeit mit ihren zahlreichen Magien, die die Kräfte der Natur in ihren geheimen, aber lesbaren Ziffern

———

9 Auf die seit der frühen Neuzeit am Werk befindliche Reduktion von Logos auf Logistik und Denken auf Rechnen hat immer wieder Martin Heidegger abgehoben; vgl. insb. »Was heißt Denken«, in: ders., *Vorträge und Aufsätze*, Pfullingen 4. Aufl. 1978, S. 123–137, sowie ders., *Zur Sache des Denkens*, Tübingen 4. Aufl. 2000 und ders., *Logik. Die Frage nach der Wahrheit*, in: ders., Gesamtausgabe Bd. 21, Frankfurt/M. 1976. Ja, technisches Denken, wie es zudem in »Die Frage nach der Technik« heißt, bedeutet nichts anderes als »rechnendes Denken«, d.h. zuletzt Denken der Ermächtigung, der Machenschaft, der Verfügung; vgl. ders., »Die Frage nach der Technik«, in: ders., *Vorträge und Aufsätze*, Pfullingen 4. Aufl. 1978, S. 9–40. Dass nicht einmal die Logik als Grundlage des Denkens taugt, erhellt zudem eine Passage aus den *Beiträgen*: »Denn dies ist eines der größten Vorurteile der abendländischen Philosophie: das Denken müsse ›logisch‹, d.h. im Hinblick auf die Aussage bestimmt werden (…). Wer sagt denn und wer hat je bewiesen, dass das *logisch* gemeinte Denken das ›strenge‹ sei? Das gilt ja, wenn es überhaupt gilt, nur unter der Voraussetzung, dass die logische Auslegung des *Seins* die einzig mögliche sein könne; was aber erst recht ein Vorurteil ist. Vielleicht ist im Hinblick auf das Wesen des Seyns gerade die ›Logik‹ das *am wenigsten* strenge (…)«, denn die Logik sei vielleicht nichts anderes als »eine ihr selbst nicht mächtige Spielerei (…), die ja dann auch in der Philosophiegelehrsamkeit ausarten konnte, in der jedermann mit irgendeinem Scharfsinn versehen sich umhertreiben kann, ohne jemals vom Seyn betroffen zu werden und den Sinn der Frage nach dem Sein zu ahnen.« Ders., *Beiträge zur Philosophie*, a.a.O., S. 460–461.

zu entschlüsseln suchten, zu denen gleichermaßen die Pyramide wie auch die zahlenmystischen Proportionslehren und die ebenfalls durch mathematische Proportionen geordnete Musik gehörten. Sämtlich entstammen sie dem Kreis der *mathemata*, die die Geometrie als höchste Wissenschaft auszeichneten. *Sodann* ferner die Techniken der Inskription, die Hieroglyphe als verborgene Schrift sowie die multiplen diagrammatischen Figurationen in Gestalt von Karten und Ordnungssystemen, aus deren kryptischen ›Lettern‹ das schwer zu dechiffrierende ›Buch der Natur‹ zusammengesetzt sei: Beginnend mit Galileo Galilei und Johannes Kepler wird es sich durch seine mathematische Lektüre, der Reduktion der Ziffer auf die Formel erschließen. *Schließlich* in der Moderne und mit Beginn dessen, was sich als ›technologische Kultur‹ apostrophieren lässt, die phantasmatischen Ansprüche einer funktionalen Technik, als deren Kristallisationspunkt ebenfalls das Mathematische fungierte: eine Mathematik freilich, die, anders als ihre mystischen oder klassisch-metaphysischen Vorgänger – von denen sie sich niemals vollständig zu lösen vermochte und die weiterhin in den populären Verklärungen des Mathematischen, von denen auch die Medienwissenschaften nicht frei sind, mitschwingen – auf ihre durchgängige *Formalisierung* setzt. Sie bildet den Kern des ›kybernetischen Programms‹.

Man muss allerdings sehen, dass die Herrschaftsphantasmen der technologischen Kultur von Anfang an ein Janusgesicht trugen. Denn anders als Naturphilosophie und Rationalismus der Aufklärung, die die Befreiung des Menschen aus Verblendung, Irrglaube und mentaler Gefangenschaft suchte und damit in erster Linie die *Bedürfnisse des Geistes* adressierte, traten die Regime der Technik in Dienst einer *Politik der Substitution* – und zwar im weitesten Sinne der Rückführung von Materialitäten auf Funktionalitäten. Galt dabei der Stoff als Hindernis, als Dysfunktionalität im reibungslosen Ablauf der Funktionen, verlängerte sich gleichzeitig die spätestens seit der Spätantike vorherrschende Verachtung fürs Materielle, um in der Dematerialisierung ihre Erlösung zu suchen. Wie die manichäistischen und christlichen Theologien die dem Geist entgegengesetzte Materie zu ihrem *anáthema*, zur Umkehrung der Heilsordnung erklärten, transferierte sie sich im technischen Vokabular zum Verhängnis der Apparatur, der Maschine, weil deren unauslöschliche Bindung an die Singularität des Materials für ihre Störungs- oder Fehleranfälligkeit sorgte. Alle Stofflichkeit weist Risse oder ›unreine‹ Spuren auf, woran die technischen Geräte ermüden, erodieren oder zerbrechen. Zudem gleicht unter dem Gesichtspunkt seiner Materialität kein Ding einem anderem. Die Nichtidentität der Materie, die auf die technischen Strukturen übergeht, die sie beanspruchen und aus denen sie zusammengesetzt sind, untergräbt tendenziell die Identität der Funktionen, ihre widerstandslose *Wiederholbarkeit*. Ihren Systemen eignet folglich die immanente Dialektik, wonach das, was die Funktion trägt und ermöglicht, zugleich dasjenige verkörpert, was ihre Leistung schmälert und ihre Effektivität einschränkt. Die Materialität der Welt, ihre Sperrigkeit oder Aufsässigkeit konfrontiert daher die Instrumente mit *ihrem* Anathema, *ihrer* Weise der Verletzlichkeit. Dann wären ideale Technologien materiefrei; ihr implizites *Telos* ist die Nichtmaterialität der Stoffe, ihre Auflösung in diskrete Schnitte, in

Metriken und numerische Folgen, über die die Prozesse gleichsam ›glatt‹ laufen, weil sie am Ende nichts anderes prozessieren als Buchstaben, Ziffern oder 0-1-Differenzen. Der Traum des Immaterialismus scheint mit der Digitalisierung, die sich von der Kontingenz des Materials endgültig befreit hat, erfüllt, denn der Rechnung, dem Algorithmus ist unwesentlich, ob sie mit Stift und Papier, mechanisch oder *in silicio* ausgeführt werden: An ihnen interessiert allein ihre Syntax, ihre Operativität – alles andere rührt an die Begrenztheit von Kapazität und Zeit. Viele technologische Phantasmagorien, nicht zuletzt auch der emphatischen Medientheorien der frühen 1980er Jahre und später – man denke vor allem an die Telematik Vilém Flussers oder den Technizismus Friedrich Kittlers und seiner Nachfolger – wie auch die nicht minder hochfliegenden Visionen der ›Avantgardisten‹ des Digitalen wie Ray Kurzweil und anderer verdanken sich einer solchen Apotheose. Ihre äußerste Spitze stellt vielleicht der bizarre Wunsch dar, geistige Strukturen überhaupt auf Festplatten zu brennen, um ihre Inhalte zu verewigen. Unverkennbar entspringt dieser Wunsch dem Glauben an eine *Techno-Theo-Logie*.

Sie bringt die *Onto-Theo-Logie* der abendländischen Metaphysik erst in ihre Vollendung.[10]

Man hat demgegenüber im Rahmen der Kybernetisierung des 20. Jahrhunderts die Hoffnung auf eine sich künftig

---

10 Zum Terminus ›Onto-Theo-Logie‹ vgl. Martin Heidegger, »Die onto-theo-logische Verfassung der Metaphysik«, in: ders., *Identität und Differenz*, Pfullingen 6. Aufl. 1978, S. 31–67; ferner ders., »Überwindung der Metaphysik«, in: ders., *Vorträge und Aufsätze*, Pfullingen 4. Aufl. 1978, S. 67–95.

abzeichnende »Ökotechnie« (Nancy) ausgesprochen, d.h. die Schaffung »transhumaner« Environments, in deren vernetzten Umgebungen Leben, Denken, Wahrnehmen und Handeln neu zu definieren seien.[11] Sie bilden komplexe ›Umwelten‹ aus menschlichen und nichtmenschlichen, man könnte sagen: organischen und organlosen technischen Ensembles oder Akteuren, die nicht länger den klassischen Dichotomien gehorchen und den Menschen in ihrer Mitte situieren, sondern »transindividuelle Kollektive« konstituieren, die allein durch die Pragmatik ihrer Operationsketten determiniert würden.[12] Der Vorstellung

---

11 Erich Hörl hat ausgehend von Heideggers *Technik und die Kehre* die Hoffnung gehegt, die neue Technik in Gestalt von Digitalität und Kybernetik berge das Potenzial einer Selbstüberwindung des Technischen in Richtung einer nachmetaphysischen oder nichtinstrumentellen Technizität, die nicht nur die klassischen Unterscheidungen entgrenze, sondern ebenso eine Rückkehr zu jenem alten Sinne der *technē* gestatte, die die Unterscheidung zwischen Kunst und Technik überwindet und eine »Ökologie der Medien und Technologie« schaffe, die den Menschen in seinem Verhältnis zum Technischen auf neue Weise definiere. Danach erfordere die »gegenwärtige technologische Transformation« eine kategoriale Transformation, die die inadäquate Beschreibung der Technik – etwa durch Zweck-Mittel-Relationen oder ihre Verkürzung auf ein Supplement – hinter sich lasse. Indessen liegt die Verkennung dieser Auffassung darin, dass sie nicht mit dem Mathematischen als Grundlage der ›neuen‹ Technologien rechnet. Nicht diese, sondern die durchgehende Mathematisierung und ihre Konsequenzen – etwa die Verkürzung aller Prozesse auf Entscheidungslogik, die Reduktion des Semantischen auf Syntax etc. – gilt es zu durchdenken. Vgl. bes. Hörl, »Die offene Maschine. Heidegger, Günther und Simondon über die technologische Bedingung«, in: *Modern Language Notes. German Issue*, 123/3 (2008), S. 623–655; sowie ders. im Anschluss an Nancy: »Die technologische Bedingung«, in: ders. (Hg.), *Die technologische Bedingung*, a.a.O., S. 7–53, bes. S. 42 und 23ff.
12 Vgl. ebd., S. 20f.

wohnt ein ›antihumanistischer‹ Impuls inne, der mit einem Verzicht auf die Souveränität, die hegemoniale Macht des Menschen über die Gegenstände der Welt und damit auch des Menschen über den Menschen einhergeht: Einfügung in eine ›dritte‹ Ordnung der Dinge *zwischen* humanen und nichthumanen Objekten, die, wie man mit Bruno Latour sagen könnte, von ihrer ›Demokratie‹, ihrer parlamentarischen Egalität ausgeht. Wir haben es dann mit alternativen Schauplätzen des Sozialen zu tun, in denen die Technik prinzipiell den gleichen oder einen gleichberechtigten Platz neben den übrigen kulturellen Formationen besetzt, ohne durch Zwecke oder Gebrauchsweisen dominiert zu werden, die einzig dem ›Befehl‹ des Menschen zu genügen scheinen. Die Position bleibt einseitig, weil sie sich allein an einer Humanismuskritik nährt.[13]

---

13 Das Durchdenken der »technologischen Bedingung« mit Blick auf ihr noch unzureichend Gedachtes, wie es Erich Hörl vorschlägt, besitzt an dieser Stelle seine eigentliche Enge. Immer wieder ist die Rede davon, dass die Begriffe, mit denen wir die technische Welt beschreiben, unzureichend geworden seien, weil sie sich an antiquierten Terminologien orientierten. Dies ist gewiss richtig – doch beschränkt sich der Ansatzpunkt weitgehend auf eine Überwindung der Anthropologisierung von Technik, wie sie in den bekannten Figuren des Hegelianers Ernst Kapp – und in der Folge ebenfalls bei Arnold Gehlen oder Marshall McLuhan – von der Organerweiterung oder Prothesenhaftigkeit der Werkzeuge zum Ausdruck kommt. Man bestimmt dann das Technische von einem Mangel her, unterwirft es einer Sekundarität, erkennt in ihm nur ein Abgeleitetes, das einen kulturell niederen Rang einnimmt. So berechtigt diese Kritik sein mag, so sehr arbeitet sie jedoch ihrerseits einem Technikverständnis zu, das wiederum sowohl dessen latent theologisches Erbe als auch seine dominant mathematische Ausrichtung unterschlägt, wie sie beide in der Flucht vor der Materialität kenntlich werden. Nicht das vermeintlich Unzureichende der Technik in Bezug auf den Menschen, das weiterhin dessen Anspruch auf Souveränität sichert,

Bezieht man aber das ›Öko-‹ im erweiterten Sinne auf ›Öko-Logie‹ statt – wie es nahe liegen könnte – auf das ökonomische Haus (*oikos*), das seit der Industrialisierung die treibenden Kräfte der Technisierung beherbergte, wandelt sich das Bild, denn der Prozess der Mathematisierung und deren notorische Materialitätsvergessenheit reduziert das technologische ›Ökosystem‹ und seine *communio* ausschließlich auf *formale* Ketten und Netzwerke als dessen »funktionales Geschirr« (Simondon).[14] Heidegger hat dafür den Ausdruck »Ge-Stell« geprägt.[15] Gestelle sind im Wortsinne *systema*, das ›miteinander Verbundene‹ oder ›Zusammengestellte‹, durchaus im Bild von Gerüsten und Gestängen, rohen Skeletten technischer Funktionalismen, die, wie Heidegger sich ausdrückte, den Menschen »stellen«, ihn provozieren, indem sie ihm ebenso einen Halt, eine ›Fassung‹ verleihen, wie sie ihn einsperren und gefangennehmen.[16] Wie die Netze, die gleichfalls umschlingen

---

ist ausschlaggebend, sondern die spätestens seit dem 19. Jahrhundert am Werk befindliche beharrliche Arbeit einer Ersetzung der Substanz durch Mathematik, die ihren Ursprung in den großen Strömen der europäischen Metaphysik besitzt.

14 Gilbert Simondon, »Die technische Einstellung«, in: Hörl (Hg.), *Die technologische Bedingung*, a.a.O., S. 73–92, hier: S. 88.

15 Liest man die Notizen Heideggers aus den 1930er Jahren, die seine Überlegungen zur Technik vorbereiten, fällt auf, mit welcher Anstrengung er sich einem traditionellen Maschinenbegriff zu entreißen sucht, um zur Findung des »Ge-Stells« zu gelangen, das besonders für die 50er Jahre leitend wird. Vgl. bes. ders., *Leitgedanken zur Entstehung der Metaphysik, der neuzeitlichen Wissenschaft und der modernen Technik*, Gesamtausgabe Bd. 76, Frankfurt/M. 2009.

16 Bes. Martin Heidegger, *Die Technik und die Kehre*, Pfullingen, 4. Aufl. 1978, S. 19ff. Zur Erläuterung seines Verständnis von »Ge-Stell« sei ebenfalls auf das Spiegel-Interview »Nur ein Gott kann uns noch

und einweben, erweisen sich auch die Ge-Stelle als unmittelbar zweideutig: Sie ›ver-stellen‹, soweit sie ermöglichen, und eröffnen, indem sie einschränken.[17] Gleichzeitig knüpfen sie ein Ganzes, dessen Maschen Lücken aufweisen, die selbst keinen Teil des Netzes oder des Gestells darstellen, sofern sie als Zwischenräume ihre kategoriale Zuordnung verweigern. Sie gleichen – vom Netz oder Gestell aus gesehen – ›blinden Flecken‹, einem Ungedachten, weder 0

—

retten«, *Der Spiegel* 23 (1976), S. 193–219, in Auszügen online verfügbar unter www.spiegel.de/spiegel/print/d-9273095.html (aufgerufen: 5.8.2013), verwiesen: »Das Wesen der Technik sehe ich in dem, was ich das Ge-Stell nenne (…). Das Walten des Ge-Stells besagt: Der Mensch ist gestellt, beansprucht und herausgefordert von einer Macht, die im Wesen der Technik offenbar wird, und die er selbst nicht beherrscht.«
17 Es gehört zu den Ironien jüngerer Medientheorien, dass sie sich unter anderem auf eine irreführende Auslegung der Heidegger'schen Deutung der Technik als »Entbergung« beruft, die nachgerade auf das Gegenteil der Interpretationen hinausläuft. In der Tat hat Heidegger im ersten Teil seines Technikaufsatzes immer wieder das technische ›Gestell‹ als eine Weise des Entbergens und damit des Wahrheitsgeschehens im Sinne der Aletheia apostrophiert; etwa Heidegger, *Die Technik und die Kehre*, a.a.O., S. 27 – allerdings als eine, deren Entbergung gerade darin besteht, dass sie diese gerade verbirgt und damit das Ereignis der Entbergung schlechthin verhüllt. »Technik bedroht das Entbergen«, und vorher: Die Herrschaft des ›Ge-stells‹ bedeute, »alles Leuchten jedes Entbergens, alles Scheinen der Wahrheit zu verstellen«; ebd., S. 34 u. S. 28. Deswegen wird das ›Ge-stell‹ generell als »Gefahr« tituliert – deren Rettendes keineswegs die Transzendierung der bisherigen, aus dem ›Stellen‹ und ›Verfügen‹ gedachten Technik durch eine andere, nichtverfügende oder spielende ›Techno-Logie‹ besteht, sondern, wie Heidegger sich ausdrückt, in der Einsicht in die »unzerstörbare Zugehörigkeit des Menschen in das Gewährende« des »Ereignisses«, das nichts anderes bedeutet als die Offenbarkeit des Sinngeschehens: »Das Gewährende, das so oder so in die Entbergung schickt, ist als solches das Rettende.« Ebd., S. 32. Es zu denken bedeutet, das Öffnende selbst in seiner Unverfügbarkeit zu denken.

noch 1, sondern einem *Nichts*, einer *absoluten Negativität*. Wir sind dann mit *Gefügen ohne Grund* konfrontiert, mit Mustern aus Relationen, die allein der ›Logik‹ des Binarismus genügen, während ihre Materialität nur noch aus Löchern besteht. Gestelle und Netze erscheinen somit als Signaturen einer dematerialisierten Technik, deren Korrelat wiederum die Digitalisierung ist – denn was bewirkt diese anderes als die ›Auflösung‹ des »Realen« (Lacan) in *digits*, die endlose Verzifferung durch 0 und 1? Die technologischen Systeme unterschlagen so, was sie ›be-dingt‹: die Vorgängigkeit der Existenz, der sie so sehr unterliegen wie alle Dinge, alles Leben, ja selbst noch der erratischste Gedanke und die beiläufigste Handlung. Ihnen ermangelt das, was Heidegger im *Ursprung des Kunstwerks* mit Anklang an Friedrich Hölderlin die »Erde« genannt hatte: *die Unüberspringbarkeit der ›Ge-Gebenheit‹ und ihrer Endlichkeit*.[18] Ihr entspricht die Unverfügbarkeit der Materialität. Tatsächlich bezeichnet der Immaterialismus die große Illusion der Technik und im Besonderen der Kybernetik, ihren ›U-topos‹ im Sinne jener Fiktionalisierung, die keinen Ort besitzt, die vielmehr als Ort selbst noch *unmöglich* ist. Sie kulminiert im Begriff der ›Information‹ als mathematischer Kategorie, die das Entscheidungsmaß definiert, welches die Anzahl möglicher Pfadverzweigungen im Netz angibt. Notwendig verfährt so die Informatisierung ahyletisch. Sie setzt den vorläufigen Schlusspunkt unter die Substitution der Materialität durch eine Funktionalität und der Funktionalität durch eine Entscheidungslogik und

—

18 Martin Heidegger, »Der Ursprung des Kunstwerks«, in: ders.: *Holzwege*, Frankfurt/M. 1972, S. 7–68, hier: S. 31ff.

den mathematischen Algorithmus. Hartnäckig schreibt sie an der Geschichte eines Verlustes und einer Verdrängung, die tief in der Heraufkunft der technologischen Kultur um 1900 verankert sind.

Kanalisierung als Machtdispositiv

Die Vorgeschichte dieses Verlusts beginnt indessen bereits mit den Verwissenschaftlichungs- und Technisierungs-schüben des 19. Jahrhunderts. Beide gehen miteinander Hand in Hand: Technik, wie sie sich ab 1800 etablierte, ist ohne Fundierung in den Wissenschaften nicht denk-bar, während umgekehrt die Wissenschaften umfangrei-cher technologischer Bewaffnungen bedürfen, um ihre Resultate zu produzieren. Dazu zählen vor allem Labor-einrichtungen, optische Geräte und Messinstrumente, die die gesamte Maschinerie der Probabilistik in Bewegung versetzen, während die verwissenschaftlichte Technolo-gie im Wesentlichen zwei neue Infrastrukturen schafft: die *Industrie* und die ›*Kultur‹ der Vernetzung*. Erstere basiert auf der Erfindung der *Maschine*, die Energie in Leistung umsetzt und damit die Produktion automatisieren wird, letztere in der Ausweitung der Kanäle. Tatsächlich wäre es verkürzend, das Technische allein auf die Maschine und den Prozess der Mechanisierung zu beziehen, wie es oft gemacht wurde – das hieße, die Technik ausschließlich aufs Instrumentelle zu reduzieren; vielmehr bildet ihre andere Seite die Rationalisierung der Distribution durch die Systeme der Zirkulation, deren Emblem der Kanal dar-stellt. Beide wurzeln in der Ökonomie als Kardinalsystem des 19. Jahrhunderts, soweit die Maschine als technische »Produktivkraft« (Marx) die Arbeit ersetzt, während die Kanalisierung den Umschlag und die Verteilung der Waren übernimmt. Dennoch bilden beide – die Maschine wie die Kanäle – keine genuinen Produkte der Epoche, denn die Kanalisierung mitsamt ihren technischen Ensembles wie der Errichtung von Dämmen, der Einbeziehung hydraulischer Relais und Ähnlichem reicht bis zu den Städten der Frühantike zurück, wie ebenfalls die *mechanē*, vor allem in Gestalt antiker Theaterapparaturen oder frühneuzeitlicher Automaten, in den Bereich der *artes mechanicae* gehören, einem wenn auch nur gering geachteten Teil der mittelalterlichen *artes liberales*. Auch war das Wort ›Kanal‹ längst in Umlauf und metaphorisiert, bevor es technisch Karriere machte: Vom italienischen *canale* für ›Röhre‹, ›Leitung‹ stammend, bezeichnete es in den Hofgesellschaften die geheimen Verbindungswege, durch die man sich politischen Einlass zu dem zu verschaffen suchte, was nur durch Protektion erreichbar war – genauso wie das Mechanische überhaupt zur Bezeichnung deterministischer Abläufe verwendet wurde und sich generell auf die Physik der Kausalität bezog. Entscheidend ist aber, dass aus beiden im 19. Jahrhundert *Systeme der Übertragung* wurden, die zudem tendenziell ihre materiellen Grundlagen abzustreifen trachteten. Denn aus der *Maschine* wird bekanntlich die Dampfmaschine, die Eisenbahn, das Automobil, der Motor bis zum verkleinerten Elektromotor, die Kraft in Arbeit umwandelten, während aus dem Kanal die leitenden Transport- und Verkehrswege werden, die, vielleicht als Erster, Harold Innis als die paradigmatischen Mediensysteme kultureller Ökonomien rekonstruiert hat.[19]

—

19 Vgl. Harold A. Innis, *Kreuzwege der Kommunikation*, ausgewählt und hg. von Karlheinz Barck, Wien 1997, bes. S. 69ff. Ferner auch

Zu denken wäre nicht nur an Wasserstraßen, die besonders im frühen 19. Jahrhundert ausgebaut wurden, sondern auch an die mannigfaltigen Schienen-, Straßen- und Luftverkehrswege, die sich im hohen Maße der Kanalisierung, von den Eisenbahnnetzen bis zu den Flugschneisen, verdanken, ferner die Systeme der Kommunikation mit Telegraphie, Telefon, Fernsehen, Rundfunk und Internet, die auf Kabel, Leitungen, Frequenzwege und ähnliches angewiesen sind – mithin an jene technischen Medien, die seit Beginn des 20. Jahrhundert die weltweiten Regime der Verständigung übernommen haben und sich explizit auf den Begriff der Kanalisierung berufen.

Der Kanal kann somit überhaupt als Modell für ein *anderes Paradigma des Technischen* stehen, das sich im eigentlichen Sinne als ›Techno-Logie‹ auszeichnen lässt, nämlich *Technik als etwas Systemisches*, als das, was das Heidegger'sche »Ge-Stell« erst ausmacht. Wir bekommen es so mit einem Übergang zu tun, einer Zäsur, die im eigentlichen Sinne ein ›techno-logisches‹ Zeitalter erst einläutet. Dessen *Grundkategorie ist der Transfer, die Übertragung, die Übersetzung oder Vermittlung*, die ihrerseits noch einer Mathematisierung unterworfen werden. Die spezifische Dynamik der ›techno-logischen‹ Kultur verwirklicht sich damit durch die Zirkulation der Ströme, sowohl mit Blick auf die *Umsetzung von Energieströmen* als auch als *Fließen der Daten- und Informationsströme*. Beruhen die Grundprinzipien der Übertragungs*maschinen* in der Umwandlung von

---

James W. Carey: »Canadian Communication Theory: Extensions and Interpretations of Harold Innis«, in: Gertrude J. Robinson/Donald F. Theall (Hg.): *Studies in Canadian Communications*, Montréal 1975.

Energie in Leistung nach den Gesetzen der Thermodynamik und dem Grundsatz der Entropie, die ihrer Mechanik zugleich eine lineare Zeitordnung aufprägen, finden die Übertragungs*medien* ihre Grundlagen in der Kanalisation und ihrer mathematisch-technischen Theorie, die, wie noch zu sehen sein wird, die Entropie umkehrt.[20] Man kann in dieser Hinsicht die Maschine vom Medium, das Apparative vom Medialen trennen: Für erstere ist der Linearismus und der Kausalnexus kennzeichnend, für letzteres sind es die gerichteten Kreisläufe, wie sie die Systeme der Kanalisierung bereitstellen. Wird im Folgenden noch zu fragen sein, ob mit den Kreisläufen, wie oft behauptet, der Linearismus wirklich überschritten oder im Gegenteil bestätigt und fortgesetzt wird, scheint indessen diese Differenz ohnehin nicht ausschlaggebend, sondern vielmehr der *Unterschied zwischen dem Einzelnen und dem Systemischen*, der isolierten Apparatur und der Anordnung, die im Begriff des »Dispositivs« hervortritt. ›Techno-Logie‹ bildet eine Ordnungskategorie; deshalb realisiert sich das Technische nicht in erster Linie in Funktionalismen oder instrumentellen Zweck-Mittel-Reihen, sondern in Formen von Dispositiven, d.h. durch Strukturen, die gleichzeitig ermächtigen wie entmächtigen. Michel Foucault hatte das »Dispositiv« als offene Konstellation aus diskursiven und nichtdiskursiven Elementen und ihren materiellen wie

---

20 Genau darin besteht die Leistung der Shannon'schen Informationstheorie: Information ist umgekehrte Entropie: I = –E. Vgl. Claude Shannon, »Eine mathematische Theorie der Kommunikation«, in: Friedrich Kittler u.a. (Hg.), *Claude E. Shannon, Ausgewählte Schriften zur Kommunikations- und Nachrichtentheorie*, Berlin 2000, S. 7–100.

performativen Bedingungen gefasst, deren maßgebliche Eigenschaft in ihrer Produktion von Macht besteht. Die Macht erweist sich dabei als nicht repressiv, sondern in erster Linie als *produzierend*. Sie bringt hervor, statt einzuschränken: »Was ich unter diesem Titel festzumachen versuche, ist (…) ein entschieden heterogenes Ensemble, das Diskurse, Institutionen, architektonische Einrichtungen, reglementierende Entscheidungen, Gesetze, administrative Maßnahmen, wissenschaftliche Aussagen, philosophische, moralische oder philantropische Lehrsätze, kurz: Gesagtes ebenso wie Ungesagtes umfasst. (…) Das Dispositiv selbst ist das Netz, das zwischen diesen Elementen geknüpft werden kann.«[21]

Begreift man auf diese Weise das ›Techno-Logische‹ unter dem Aspekt des Dispositivs, kann es so wenig von *Epistemen* und Diskursen wie von Praktiken der Macht abgelöst werden. Vielmehr haben wir es mit einem kompletten Gefüge aus Zurichtungen und Abrichtungen zu tun, das uns mit Bezug auf die technischen Systeme eine bestimmte Weise zu denken und zu handeln *aufzwingt*. Die Produktivität des Technischen beruht auf diesem *Zwang*, wobei unter Zwang keine Disziplinierung zu verstehen ist, sondern eine *Forcierung* – gleich einer Zwangshandlung, denn nicht vergessen werden darf, dass Foucault den Ausdruck der Sphäre des Militärs entlehnte, die gleichzeitig auf der Ebene der Subjektivierung durchschlägt. Beschränkte

---

21 Bes. Michel Foucault: *Dispositive der Macht*, Berlin 1978, S. 19f. Vgl. auch S. 119ff. Zur Diskussion des Begriffs vgl. auch Elke Bippus, Jörg Huber, Roberto Nigro (Hg.), *Ästhetik x Dispositiv. Erprobung von Erfahrungsfeldern*, Zürich 2012.

sich Foucault überdies weitgehend auf die Untersuchung der Klinik, der Gefängnisse und Irrenanstalten sowie der Sexualität, kann die Analyse des Technischen unter Aspekten dispositiver ›Ökonomien‹ vor allem unter Prämissen erfolgen, wie sie Giorgio Agamben aufgestellt hat: Am Beispiel des Internets und der Mobiltelefonie demonstrierte er deren nachhaltige Durchdringung von Denk- und Handlungsmustern, die das Reale ebenso wie die Ordnung des Symbolischen in ihrer Gesamtheit erfasst und terminiert haben.[22] Man kann sagen, dass diese Erfassung ein ›technologisches Unbewusstes‹ hervorruft und ihre Forcierung, ihr ›Zwangscharakter‹ jene Art von Faschismus evoziert, wie ihn Roland Barthes mit Bezug auf die Sprache behauptet hat – »denn Faschismus heißt nicht am Sagen hindern«, wie er in seiner Antrittsvorlesung am *Collège de France* darlegte, »er heißt zum Sagen zwingen (*d'obliger à dire*).«[23] Nichts anders bedeuten die Begriffe des ›Regimes‹ und der ›Regierung‹ bei Foucault: Ihre spezifische Relevanz besteht darin, die spezifischen Technologien der Macht wie ebenfalls der ›Techno-logie‹ *als* Macht beschreibbar zu machen.

All dies gilt unter veränderten Vorzeichen bereits für den gesamten Prozess der Kanalisierung, deren massiver Ausbau vor allem das späte 19. Jahrhundert betrifft. Buchstäblich beginnen die Kanäle von ihrem ersten Auftauchen bis zu den multiplen Vernetzungen des 20. Jahrhunderts sich zu überlagern und unkontrolliert an zu wuchern. Noch erscheinen sie als die materiellen Versionen des Netzes,

---

22 Vgl. Giorgio Agamben, *Was ist ein Dispositiv?*, Zürich-Berlin 2008.
23 Roland Barthes, *Leçon/Lektion*, Frankfurt/M. 1978, S. 18/dt. S. 19.

das sich Zug um Zug virtualisieren wird, aber schon binär strukturiert, um sich labyrinthisch zu verzweigen und tendenziell entscheidungslogisch zu organisieren. *Zugleich aber rücken sie ins Zentrum einer Metaphorisierung technischer Mediation*, weshalb der Kanal überhaupt zur Grundmetapher der späteren Informationstheorie avancieren konnte. Insbesondere können Kanäle geradezu als Paradigmata für technische Dispositive fungieren, denn strukturell erfüllen sie eine *doppelte Funktion*: Sie bilden *zum einen* Systeme der Vektorisierung, die als solche berechenbar und damit auch optimierbar sind. Wir bekommen es folglich mit der Beherrschung von *Bewegung durch Richtung* zu tun, die, einmal ›ausgerichtet‹, im gleichen Maße für deren Akzelerierung sorgt. Ihre Medialität beruht dann auf einer *Orientierung oder Richtungsgebung*, deren Effekt die *Beschleunigung der Flüsse* darstellt. Alles muss in Fluss gebracht und gehalten werden; nirgends darf es zur Unterbrechung, zur Stauung oder Überflutung kommen – entsprechend besteht die *zweite* Funktion der Kanalisierung in der *Eindämmung oder Einhegung* dessen, was sie in Fluss bringt, d.h. in der *Kontrolle und Lenkung* der Fließrichtung selbst. Denn es hat den Anschein, als ob einer Bewegung nur dann eine Richtung verliehen werden kann, wenn sie zugleich eingeschnürt und verdichtet wird. Beide Funktionen verweisen aufeinander: *Kanäle sind Dispositive mit der charakteristischen Doppelstruktur einer gleichzeitigen Ermöglichung* und *Einschränkung*, oder – um genauer zu sein – *der Ermöglichung durch Begrenzung und der Begrenzung zum Zwecke der Hervorbringung*. Als Dispositive erweisen sie sich daher nicht nur als konstituierend, sondern ebenso sehr als engführend; *sie produzieren nicht nur, sondern sie unterbrechen und unterbinden auch* – und das trifft für *alle* Kanäle zu, auch für die angeblich immateriellen der Computernetze.

Die These ist also, dass sich nicht nur in der Maschine, die seit Karl Marx immer im Mittelpunkt des industriellen Komplexes gestanden hat, sondern vor allem in den Kanalsystemen, die seit Mitte des 19. Jahrhunderts die sozialen und ökonomischen Infrastrukturen zu durchdringen begonnen haben, *das* Herrschaftsphantasma der Moderne manifestiert. Die Maschinen haben keinen anderen Zweck als die Automatisierung der Arbeit, der Maximierung ihres Outputs sowie der Herstellung von Gleichförmigkeit, denn das Prinzip der Industrie ist die Wiederholung, die Serialisierung, die Erzeugung der Masse, wohingegen die Kanäle die Steuerung, Ausrichtung und Lenkung des Transports, der Distribution und Kommunikation übernehmen, die die ökonomische Ordnung wie ein Kokon einhüllen.[24] Stets hat sich der Marxismus allein auf die Erforschung

—

24 Der erste Theoretiker dieses Zusammenhangs ist Karl Marx. Sein *Kommunistisches Manifest* lässt sich in seinen ersten fünf, sechs Seiten als prägnante (und prophetische) Kurzanalyse des Kapitalismus lesen, bezogen auf Produktion und Überproduktion sowie die Zirkulation der Warenströme und den Prozess ihrer Globalisierung. Eisenbahn, Telegrafie u.a. gelten darin als Embleme einer Beschleunigung. Das darin grundlegend angesprochene Problem ist das der Kontrolle, der Bändigung dieser inneren Dynamik. Damit ist das Thema des Verhältnisses von Ordnung und Chaos im 19. Jahrhundert, bezogen auf Fortschritt und Evolution um jeden Preis angesprochen: das Gesetz der Wachstumsmaximierung als Gesetz der Ökonomie und der »Willen zur Macht« im Sinne eines unbedingten »Stärker- und Größerwerdenwollens«, wie es Friedrich Nietzsche ausgedrückt hat. Siehe Karl Marx, »Manifest der kommunistischen Partei« (1848), *Marx-Engels-Werke*, Bd. 4, Berlin 1964, S. 459–493, hier S. 461ff.

der historischen Ökonomien und ihrer Strukturen konzentriert, auf die Arbeitsteilung, die Effekte der Ausbeutung und Entfremdung oder die Verselbständigungen des Kapitals, weil sich in ihnen die Beziehungen der Menschen zu ihrem eigenen Tun, zur Arbeit als dasjenige, was sie zu Menschen macht, spiegeln. Gleichwohl darf nicht vernachlässigt werden, dass die Waren genauso wie das Geld zirkulieren müssen, dass sie angeboten, ihren Ort wechseln und verteilt werden müssen, dass also ihr Austausch von Kommunikationen abhängt, sodass schließlich die ›Verständigungsverhältnisse‹ als Sozialverhältnisse über die konkreten Produktionsverhältnisse dominieren – ja diese allererst bedingen.[25] Für die marxistische Kritik kann darum die Technik nichts anderes bedeuten als das, was sich im Hinblick auf die Produktion bestimmen lässt, sodass der Begriff der Technik mit der Mechanisierung der Produktionsmittel zusammenfällt, für die in der Tat die Maschine Modell steht; und die historische Entscheidung, ihre maßgebliche Differenz besteht dann einzig darin, ob die Technik die Arbeit zerstört oder ob, im Gegenteil, über sie Herrschaft zu erringen ist.

Demgegenüber mündet die Technisierung der Kommunikation in einem Verbund aus Kanalisierung und Informa-

---

25 In der Ergänzung der Produktionsverhältnisse durch Kommunikationsverhältnisse und der Begründung des Sozialen nicht aus Ökonomien, sondern aus Diskursen, besteht insbesondere der Beitrag der zweiten Phase der Frankfurter Schule mit Jürgen Habermas, Karl-Otto Apel, Ulrich Oevermann u.a. Vgl. exemplarisch Jürgen Habermas, »Was heißt Universalpragmatik?«, in: Karl-Otto Apel (Hg.), *Sprachpragmatik und Philosophie*, Frankfurt/M. 1976, S. 174–272 sowie ders., *Theorie des kommunikativen Handelns*, 2 Bde., Frankfurt/M. 1981.

tisierung, der andere Maßstäbe setzt. Ihre Kontrolle, wie sie später durch die kybernetischen Regelkreise besorgt werden sollte, erstreckt sich folgerichtig auch nicht auf die Ersetzung oder Wiederaneignung der Produktionsmittel, sondern auf die *Medien des Sozialen*, die durch die Netze ebenso repräsentiert wie gesichert werden. Marx wäre demnach zu korrigieren, wobei der kybernetische Kontrollbegriff jenseits aller Figuren der Disziplinierung auf die nie zum Stillstand kommende Aufgabe autopoietischer Selbstkontrolle im Sinne von Gilles Deleuzes *Postscriptum über die Kontrollgesellschaften*, zurückzuführen ist.[26] Ihr – der Autopoiesis der Kontrolle – wäre noch der Barthes'sche ›Faschismus‹-Verdacht zu implementieren.

---

26 »In der Disziplinargesellschaft hörte man nie auf anzufangen (...), während man in der Kontrollgesellschaft nie mit irgendetwas fertig wird.« Gilles Deleuze, »Postscriptum über die Kontrollgesellschaften«, in: *Unterhaltungen*, Frankfurt/M. 1993, S. 257.

›Metatechnologische‹ Programme der Kybernetisierung

Vernetzungen finden sich heute überall: Kanäle und ihre Systeme erweisen sich in der Moderne in der Tat als ubiquitär. Angeführt wurden bereits die verschiedenen Verkehrsnetze, hinzuzufügen wären darüber hinaus die vielfältigen ober- und unterirdischen Versorgungs- und Stoffwechselsysteme, wie sie zu den sanitären Anlagen und der Abfallversorgung der urbanen Zentren gehören und die im Zeitraum zwischen 1890 und 1930 grundsaniert und ausgebaut wurden[27] – Victor Hugo beschreibt die unsichtbaren Kloaken bereits 1862 in den *Elenden* als Pendant zum sichtbaren Straßenbild von Paris: »Das Kanalisationsnetz ist gleichsam eine Nachbildung des über ihm gelagerten Straßennetzes. Es gab im damaligen Paris zweitausendzweihundert Straßen. Nun stelle man sich unter diesen den Wald von dunklen Ästen des Kanalisationsnetzes vor.«[28] Hinzu kommen die z.T. konkurrierenden Strom-, Gas- und Telegrafenleitungen, die gleichfalls parallel zu den anderen Kanalsystemen errichtet werden, sowie die aufkommenden Telefon- oder Rohrpostsysteme im frühen 20. Jahrhundert, die Rundfunk- und Sendekanäle der Zwischenkriegszeit, bis hin zu den Computernetzen, den

---

27 Adrienne van den Bogaard, Cornelis Disco, »Die Stadt als Innovationsknotenpunkt«, in: *Technikgeschichte*, Bd. 68 (2001), Heft 2, S. 107–132.
28 Victor Hugo, *Die Elenden*, Zürich 1985, S. 1146.

high-speed-Breitbandsystemen und den UMTS-Bändern der Gegenwart.[29] Sie ähneln einem undurchdringlichen Geflecht aus unterschiedlichen Adern, die sich analog zu den organischen Nervenfasern zu verhalten scheinen,[30] um das Kommando über sämtliche Lebensbedingungen zu übernehmen. Sie metastasieren zu dichten rhizomatischen Knäueln, die auf verschiedenste Weise die Massenexistenzen seit 1900 zu regeln beginnen und damit auf deren latente Desorganisation und politische Unregierbarkeit reagieren.[31] Erst mit der Kanalisierung und ihrer Vernetzung, ja der Übernetzung der Netze setzt die Geschichte des 20. Jahrhunderts als Zeitalter der Medien ein. Erst dann lässt sich von einer Entkopplung der Zweck-Mittelssysteme sprechen; erst dann haben wir es mit einer *anderen ›Ontologie‹ des Technischen, einer nicht mehr in traditionellen Kategorien und vom Ort des ›Menschen‹ her fassbaren ›Techno-Logie‹* zu tun.

Gehören im Gegenzug die Maschinen und ihre Verfahren noch der Vorgeschichte der ›techno-logischen‹ Kultur an, sind umgekehrt die Netze und Kanäle nicht länger als »Zeug« im Sinne Heideggers anzusprechen, sie bilden nichts »Zuhandenes«, das sich so oder so gebrauchen ließe oder der Souveränität des Menschen und seiner Verwendungen unterstünde. Vielmehr sind sie in ihrer eigentlichen Ausprägung *Medien* und ihre Systeme

---

29 Vgl. Dieter Schott, *Die Vernetzung der Stadt*, Darmstadt 1999.
30 Vgl. Christoph Asendorf, *Ströme und Strahlen. Das langsame Verschwinden der Materie um 1900*, Gießen 1989, S. 58ff.
31 In der Tat häufen sich um die Jahrhundertwende Überlegungen zur Massenkultur; man denke an Gustave Le Bon, Hermann Broch und Elias Canetti.

dementsprechend *Medienregime*. Man kann den Begriff des Mediums heute nicht anders als unter deren Ägide betrachten. Gleichwohl erscheinen ihre ›Anordnungen‹ im Doppelsinn von Strukturalität und Befehl an der Schwelle des ausgehenden 19. Jahrhunderts durchweg noch dezentral organisiert, auch wenn sie bereits zur wechselseitigen Verschaltung, zur Bildung von *Ordnungen aus Ordnungen* tendieren. Nicht die isolierten Artefakte, die einzelnen Fahrzeuge, Lampen, Wasserhähne, Verteilerdosen oder die sogenannten Endgeräte spielen dabei eine Rolle, *sondern ihr Anschluss an Dingkonstellationen und die Systeme ihrer Verknüpfung*. Die daraus entstehenden Netzwerke erfordern deshalb hinsichtlich ihrer Technizität einen Blickwechsel: Statt der Faszination für Apparate und ihre Funktionskreise, wie sie die technikhistorische Reflexion lange Zeit dominierte, interessiert nurmehr die *mathematische Diagrammatik*, die *Graphentheorie, die die internen Muster, ihre Matrix aus Grundlinien und Schaltkreisen ausmisst*. Es scheint, dass auch auf der Ebene der Technikphilosophie nicht mehr der Mechanismus und seine teleologische Organisation ausschlaggebend ist, sondern die *Schrift*, das *Notationelle*. Sie gehen den jeweiligen Konstruktionen, ihrem Design noch voraus, definieren ihren Platz, ihre Relationalität. Entsprechend bilden z.B. die jeweiligen Verkehrsmittel nicht die Fahrzeuge, sondern die Knotenpunkte oder Variablen inmitten mannigfacher Straßennetze, Servicestationen, Verkehrsordnungen und Versicherungsstrukturen – und die einzelnen Fahrzeuge gleichen Punkten oder ›Stellen‹ im komplexen Stellensystem ihrer Zeichenordnung. Viel entscheidender als die Dinge sind darum ihre Relationen zueinander, ihre

Verbindungen und Trennungen. Das Gleiche gilt für das Haus, Inbegriff der *Archē-Tektur*, der einstigen Grundtechnik, aus der die antike *technē* ihr Herkommen besaß und die heute in ein komplettes System aus Blaupausen, Modulen, Fertigungsteilen, Bauunternehmen, Straßenführungen, Stadtplanungen usw. eingebettet ist. Gilbert Simondons Begriff der »offenen Maschine« ist daran angelehnt: Ihr Modell orientiert sich am Corbusier'schen ›Modular‹, der Kombinierbarkeit standardisierter Bauteile.[32] Nicht ihre Gebrauchsweisen und ihre Funktionalität definieren den Kern der Netzwerke, sondern ihre *Konnektibilität*. Sie ist das Zauberwort der Epoche. Gleichzeitig korrespondiert sie mit dem bereits angezeigten Wechsel zum Mathematischen. Die Gestaltung technischer Systeme erfordert Meta-Organisationen, diese wiederum Meta-Meta-Organisationen, deren Regress tendenziell ins Unüberschaubare driftet und deren Formalisierung eines eigenen mathematischen Kalküls bedarf.

Eine Antwort auf dieses Problem gibt jenes Ensemble von Theorien, das zwischen den 1930er und 40er Jahren entstand und zunächst nur ein loses Konglomerat von Modellen bildete: die *Informationstheorie*, die *Kybernetik*, die *biologische Systemtheorie* und die *Metamathematik* mit ihren Teilgebieten der rekursiven Funktionen und der Turingmaschine[33] – später wird noch die *Graphentheorie*

---

32 Vgl. Simondon, »Die technische Einstellung«, a.a.O., S. 92.
33 Vgl. Rolf Kreibich, *Die Wissensgesellschaft. Von Galilei zur High-Tech-Revolution*, Frankfurt/M. 1986, S. 254ff.; ferner: Wolfgang Krohn, Günter Küppers, Rainer Paslack, »Selbstorganisation – Zur Genese und Entwicklung einer wissenschaftlichen Revolution«, in: Siegfried

als wesentlicher Baustein der Informatik hinzukommen. Erst ihre Kooperation im Rahmen einer zumeist militärisch finanzierten Großforschung stiftete den entscheidenden Paradigmenwechsel, wie er in der zweiten Hälfte des Jahrhunderts gleichermaßen für Technik, Wissenschaft und Politik charakteristisch wird: Erstens *vom Analogen zum Digitalen*, zweitens *vom Referentiellen zum Selbstreferentiellen*, drittens *vom Linearen zum ›Hyperlinearen‹*[34] und schließlich *von hierarchischen Strukturen zu komplexen rekursiven Systemen*. Pionierarbeit leisteten dabei *vier* maßgebliche Arbeiten, die im Zentrum der Entwicklungen standen: Alan Turings Untersuchungen zu den Grundlagen der Mathematik aus den späten 40er Jahren, Norbert Wieners *Cybernetics or Control and Communication in the Animal and the Machine* von 1948, Claude Shannons *A Symbolic Analysis of Relay and Switchy Circuits* von 1938 und seine zeitgleich mit Wieners Kybernetik erschienene *Mathematische Theorie der Kommunikation* sowie Ludwig von Bertalanffys und Anatol Rapoports Projekt einer allgemeinen Systemtheorie aus demselben Zeitraum.[35]

J. Schmidt (Hg.), *Der Diskurs des radikalen Konstruktivismus*, Frankfurt/M. 1987, S. 441–465.

34 Der Begriff der Hyperlinearität wird hier verwendet, um ihn von ›Nichtlinearität‹ abzugrenzen. Netze können nicht als nichtlinear apostrophiert werden, weil sie im Linearen operieren, allerdings eine Multiplizität möglicher Wege eröffnen.

35 Alan Turing, *Intelligence Service*, hg. von Bernhard Dotzler und Friedrich Kittler, Berlin 1987; Norbert Wiener, *Kybernetik – Regelung und Nachrichtenübertragung im Lebewesen und in der Maschine*, Reinbek bei Hamburg 1968; Shannon, »Eine mathematische Theorie der Kommunikation«, a.a.O.; ders., »Eine symbolische Analyse von Relaisschaltkreisen«, im selben Band, S. 177–216; Ludwig von Bertalanffy,

Sie werden durch eine Reihe weiterer Arbeiten flankiert, darunter Warren McCullochs und Walter Pitts' *Logical Calculus of the Ideas Immanent in Nervous Activity* von 1943, John von Neumanns *First Draft of a Report on the EDVAC* von 1945 sowie dessen zusammen mit Oskar Morgenstern verfasste *Theory of Games and Economic Behavior* von 1944.[36] Sie alle haben in Wieners *Cybernetics or Control* Eingang gefunden und die spezifische Emphase der kybernetischen Revolution mitgeprägt.

Augenfällig ist dabei die durchgängige Verknüpfung von Mathematik, Biologie und Nachrichten- bzw. Elektrotechnik, deren Grundlage der elementare Zusammenhang zwischen algebraischer Logik, elektromagnetischen Relais und Rückkopplungssystemen ist, wie ihn McCulloch für die Nervenbahnen und Wiener generell für Kommunikationsprozesse postulierte.[37] Bei den legendären MACY-

---

»General System Theory«, in: *General Systems. Yearbook of the Society for the Advancement of General Systems Theory* Bd. 1, hg. v. Ludwig v. Bertalanffy and Anatol Rapaport, Michigan 1956, S. 1–10.

36 Warren McCulloch, Walter Pitts, »A Logical Calculus of the Ideas Immanent in Nervous Activity«, in: Claus Pias (Hg.), *Cybernetics – Kybernetik. The MACY-Conferences 1946–53*, Vol. II, Zürich Berlin 2004, S. 313–325, John von Neumann, First Draft of a Report on the EDVAC: http://www.virtualtravelog.net/wp/wp-content/media/2003-08-The-FirstDraft.pdf (6.1.2012), ders., Oskar Morgenstern, *Theory of Games and Economic Behavior*, Princeton 1944.

37 In seiner Autobiographie *I am a Mathematician – The Later Life of a Prodigy*, Cambridge, Mass. 1956 betont Norbert Wiener, dass er die theoretischen Probleme hinsichtlich Kontrolle und Organisation durch eine Theorie der Kommunikation in den Griff zu bekommen versuchte. Vgl. insb. Wolfgang Coy, »Der Streit der Fakultäten. Kybernetik und Informatik als wissenschaftliche Disziplinen«, in: Pias (Hg.), *Cybernetics – Kybernetik*, Vol. II, a.a.O., S. 253–262, hier S. 254.

Konferenzen zwischen 1946 und 1953 verschmelzen sie schließlich zu jenem Bündel »inter«- bzw. »transdisziplinärer« Theoreme,[38] das fortan unter dem Label *Cybernetics* rangieren sollte – um sich vor allem in den 60er Jahren zu einem universalen *passepartout* zu verselbständigen, das nahezu alle Wissenschaftsdisziplinen von der Physik und Biologie über Ökonomik und Politikwissenschaft bis zur Ästhetik und Philosophie aufzuschließen vermochte. Die maßgeblichen Akteure sind in den USA neben Wiener und Shannon vor allem W. Ross Ashby, Karl W. Deutsch, die Systembiologen Francisco Varela und Humberto Maturana sowie Heinz von Foerster und Gregory Bateson, in Europa der Semiotiker und Kunsttheoretiker Max Bense und sein Schüler Georg Klaus sowie die Künstler Abraham Moles, Herbert W. Franke und Frieder Nake bis hin zu Vilém Flusser und – als einflussreichster Systemtheoretiker – Niklas Luhmann. Sie begründen jenes *selbstreflexive* Programm eines radikalen Konstruktivismus, das Heinz von Foerster als *Cybernetics of Cybernetics* definierte und das seither als *Second Order Cybernetics* Wissenschaftsgeschichte schreibt und den Anspruch erhebt, die Maßstäbe sowohl künftiger Wissenschaften als auch der Ethik und Ästhetik im Zeichen einer neuen Weltordnung zu formulieren. Bekannt ist in dieser Hinsicht George David Birkhoffs Versuch, ein Maß für ästhetische Objektivität zu fin-

---

38 Tatsächlich tauchen die Begriffe »Interdisziplinarität« und »Transdisziplinarität« schon in den ersten MACY-KONFERENZEN auf; vgl. von Foerster, »Zirkuläre Kausalität. Die Anfänge einer Epistemologie der Verantwortung«, in: Claus Pias (Hg.), *Cybernetics – Kybernetik. The Macy Conferences 1946–1953*, Zürich–Berlin 2003, S. 19–26, hier S. 21.

den, das auch Max Bense aufgriff.[39] Beide träumten sie den Traum von einer neuen Kunst und Musik auf der Basis von Algorithmen. Dazu passen auch die Versuchsreihen in Grafik, Design, Dichtung und Kompositionspraxis mittels statistischer Markoff-Ketten, wie sie unter anderem John R. Pierce und Max V. Mathews in den MIT-Laboratorien durchführten.[40] Ihre Entwicklungen führten in Deutschland u.a. zum sogenannten Hinterzartner Arbeitskreis, der Pläne zur Schaffung eines Max-Planck-Instituts für Musik vorantrieb, dessen Gründung schließlich scheiterte.[41] Sie alle verfolgten das Phantasma einer Berechenbarkeit von Kreativität durch kombinatorische Zufallsreihen, stochastische Funktionen oder Wahrscheinlichkeitstheoreme und damit der Ersetzung der *inventio* durch Randomisierungsprozesse – um zuletzt in der Revision der künstlerischen Avantgarden des 20. Jahrhunderts und der Auffassung einer »Mathematik der Schönheit« zu münden.[42]

---

39 Vgl. George David Birkhoff, »A Mathematical Approach to Aesthetics«, *Scientia* 50 (1931), S. 133–146, sowie Max Bense, *Das Auge Epikurs. Indirektes über Malerei*, Stuttgart 1979.

40 Das spektakulärste Resultat dieser Bemühungen ist vielleicht *Bicycle Built for two*, der Schwanengesang von ›Hal‹ in Stanley Kubricks *2001 Space Odyssey*.

41 Vgl. dazu Manfred Eigen, Ruthild Winkler, *Das Spiel. Naturgesetze steuern den Zufall*, München 1975, S. 344ff. Beteiligt waren u.a. Pierre Boulez, Werner Heisenberg und Carl-Friedrich von Weizsäcker.

42 Vgl. etwa Friedrich Cramer, Wolfgang Kaempfer, *Die Natur der Schönheit*, Frankfurt/M., Leipzig 1992, sowie H.O. Peitgen, P.H. Richter, *The Beauty of Fractals*, Berlin/Heidelberg 1986. Die Verabschiedung des Avantgardismus im Zeichen einer exakten Ästhetik gilt schon für Max Bense; sie lässt sich seiner *Einführung in die informationstheoretische Ästhetik* und den dort vorgeschlagenen Informations- und Kommunikationsmaßen für Kunstwerke entnehmen. Vgl. insbesondere auch die

Auch wenn aus heutiger Sicht diese Projekte sämtlich in die Irre gingen, lagerte sich dennoch ihr ›Geist‹ als kulturelle Latenz in den 1960er und 70er Jahren ab, um – und das ist der Zweck der Erinnerung an diese bekannten Aufbruchseuphorien – jene grundlegende Transformation des Technischen zur ›Techno-Logie‹ einzuleiten, die für das späte 20. Jahrhundert führend geworden ist. Ihr Kern beruht auf der Verwandlung von Kommunikation in eine durch Algorithmen beschreibbare Kommunikativität: Eine Kommunikation, die *sich* kommuniziert, die keine Meta-Kommunikation ist, keine Kommunikation *über* Kommunikation, sondern – in Abwandlung eines Ausdrucks von Marx über das »Kapital« als »geldheckendes Geld«[43] – eine *Kommunikation heckende Kommunikation*. Sie geschieht *für* sich selbst, als eine permanente ›Übersteuerung‹, deren wohl treffendstes Bild die »kommunizierenden Röhren« darstellen, die sich zu Kreisläufen schließen. Nicht ihr Inhalt zählt, die Mission, sondern ihre Akkumulation: Kommunikation um der Kommunikation willen, die sich als Tautologie gebiert und in endlosen Regelkreisen fortzeugt. »Wir verlängern das Leben, um es zu verlängern«, hat Jean-Luc Nancy in ähnlicher Hinsicht formuliert, »wir bieten Dienstleistungen für derart verlängerte Leben, wir steigern unser biochemisches, biomechanisches Können und ziehen daraus neue Möglichkeiten für andere Arten

---

Fernsehsendung »Provokation: Lebensstoff der Gesellschaft. Kunst und Antikunst. 67. Forumsgespräch der Reihe Meinung gegen Meinung«, Düsseldorf 27.01.1970. WDR 3.
43 Karl Marx, *Das Kapital*, Bd. 1, 4. Kap., Frankfurt/M., Berlin, Wien, 4. Aufl. 1972, S. 127.

der Hilfeleistung für andere bedrohte Leben – und wir sind dabei weiter und weiter entfernt davon zu wissen, wie ›das Leben‹ zu denken ist (…).«[44] Im selben Sinne trübt sich der Begriff der Kommunikation als eine *Verständigung* ein: Ihr Sinn wird ihr Zweck. Das jeweils Kommunizierte spielt darin nicht die geringste Rolle: *the medium is the message*.

---

44 Nancy, »Von der Struktion«, a.a.O., S. 68.

Technologische ›Bündelungen‹ des Humanen

Die ›Logik‹ von ›Techno-Logie‹ steht heute überall unter diesem Index: Sie gleicht einem sich selbst generierenden System, das einer ebenso mathematischen wie biologischen Metaphorik gehorcht und sich so zu einer *Metatechnik* aufschwingt, einer Technik, die Technik erzeugt und über ihre eigenen Ordnungsfunktionen verfügt, welche dabei sind, ihre Souveränität auch über andere Ordnungssysteme zu verhängen, allen voran über die Politik. Inmitten der Massengesellschaften und ihrer chaotischen Effekte ist so eine Form von Macht entstanden, die zuletzt das Politische tilgt. Hatte es die Moderne von Anfang an mit dem Problem der tendenziellen Unbeherrschbarkeit der Massen, der, im Wortsinne, ›An-Archien‹ oder *anarchia*, der ›Herrschaftslosigkeit‹ oder Unbeherrschbarkeit der Kapital-, Waren- und Informationsflüsse zu tun – und die Finanzmärkte und das Internet repräsentieren heute nur deren äußerste Spitze –, besorgt die ›Vernetzung‹ der ›Netze‹ ihre ›meta-techno-logische‹ Programmierung. Trotz aller Mystifikation von Individualisierung ist die Gegenwart vom Individuum so weit entfernt wie nie. Das Individuum markiert nunmehr, wie die Dinge in den technischen Systemen einen Punkt, eine Dislokation, ausgestattet mit den Illusionen einer Wahlfreiheit, das letzte Refugium des Begriffs der Freiheit. Der Einzelne ist eine Depositionalität, in den Worten von Deleuze ein »Dividuum«, dessen Stimme gerade *nicht* zählt, dessen

Kontur verschwindet, um lediglich einen Zug im Spiel unaufhörlicher Pfadentscheidungen zu verkörpern.

Es ist bezeichnend, dass Vilém Flusser daran – als zwei mögliche Organisationsformen der Netzwerke – die Alternative zwischen der Utopie einer »telematischen Gesellschaft« und der Diktatur ›fascistischer‹ »Bündel« knüpfte, um aus ihnen zwei unterschiedliche mediale Schaltpläne herzuleiten. Es ist gewiss nicht von ungefähr, dass hier mit *fascets*, den »Bündelungen« dasselbe Wort fällt wie in Roland Barthes' *Lektion*, wobei Flusser präzisiert: »So wie die technischen Bilder gegenwärtig geschaltet sind, führen sie ›von selbst‹ zu einer fascistischen Gesellschaft«.[45] Dennoch gebe es, so Flusser weiter, inzwischen »Anzeichen für eine mögliche Änderung dieses Schaltplans. (...) (E)s gibt Ansätze zu Fäden, welche in einer anderen Richtung ›laufen‹. Nämlich quer durch die Strahlenbündel (...), Ansätze zu ›dialogischen‹ Fäden, welche die ›diskursiven‹ Strahlenbündel der Medien sozusagen horizontal durchqueren.«[46] Sie seien in der Lage, die ›fascistischen‹ Bündel zu demokratischen Netzen umzuknüpfen, so dass wir es mit einer Sozialutopie aus dem Geist der Technik zu tun bekommen, die den alten Topos von ihrer erlösenden Kraft wiederbelebt: »Wir stehen an der Schwelle zu einer neuen Daseinsebene«, heißt es in Flussers *Kommunikologie*, »die, einmal überschritten, alle Geschichte und Vorgeschichte als bloße Vorstufe erscheinen ließe.«[47]

---

45 Vilém Flusser, *Ins Universum der technischen Bilder*, Göttingen 6. Aufl. 2000, S. 68.
46 Ebd., S. 72.
47 Vilém Flusser, *Kommunikologie*, Frankfurt/M., 3. Aufl. 2003, S. 229.

Gehört solche Naivität zu den Gründungsurkunden der Medientheorie der letzten drei Jahrzehnte, beruht indessen ihr Fehlschluss darauf, *dass die Technik immer bündelt.* Eben darin bezeugt sich ihr genuiner ›Fascismus‹. Technik ›richtet‹ die Struktur der Kommunikation kraft ihrer immanenten mathematischen Formatierung, die, statt zu öffnen ins Paradigma des Mathematischen selbst einschließt. Kommunikation wird folglich formalisiert: Nicht nur sind die Dinge, gemäß Bruno Latour, Aktanten, sondern auch die Algorithmen, deren entscheidungslogische Formate noch die Form ihrer Praxis determinieren, weil sie allein die Möglichkeit zwischen Teilnahme und Nichtteilnahme, *On* oder *Off* zulassen, wobei das *On* bereits die Bestätigung der gesamten Apparatur voraussetzt, sosehr man diese auch umzuwidmen oder zu unterlaufen trachtet. Jede Subversion findet immer nur *innerhalb* ihres Rahmens statt: *Dieser* erzeugt *deren* mentales wie praktisches Milieu, das schon anerkannt worden sein muss, um es zu ›verwenden‹. Das gilt im Besonderen für die binären Regime des Digitalen und ihre Totalisierung durch die Ubiquität der Computerisierung und ihrer Netze – sie bewirken, dass wir uns stets bereits im Medium der Kontradiktion, des Entweder-oder bewegen, *in ihnen* und *mit ihnen* kommunizieren und unsere Handlungen, verkürzt auf den Schalter, an ihnen orientieren, um gleichsam *mit einem Mausklick* eine jederzeitige Revision oder Löschung unserer Verhaltensweisen vorzunehmen und Verantwortung abzutreten. *Die vorherrschende Gestalt kultureller Praxis ist heute die Entscheidbarkeit. Sie diktiert unser Verständnis von Technik und Wissenschaft – wie sie gleichermaßen das bestimmt, was sagbar, vertretbar, darstellbar oder verhandelbar ist.*

Nur das Entscheidbare erscheint; das Unentscheidbare ist ohne Platz. Flusser wie auch die ihm nachfolgende medientheoretische ›Avantgarde‹ unterschlagen diese besondere Form ›techno-logischer‹ Ordnung, ihre innige Verquickung von Technizität mit Mathematizität. Und wenn an dieser Stelle von ›Technik‹ die Rede ist, dann nicht als ahistorische Kategorie, sondern als jene Form von Technik, wie sie sich durch Algorithmik und Vernetzung seit Beginn des 20. Jahrhunderts etabliert hat und ins Innere der Lebensformen selber eingedrungen ist, um sie nachhaltig umzustrukturieren. ›Technik‹ ist kein Allgemeinbegriff, sondern ein historischer Begriff, der sich heute allein unter der Voraussetzung seiner durchgängigen Mathematisierung zeigt. Was Erich Hörl als »technologische Bedingung« bezeichnet hat, zeigt sich in Wahrheit als ›mathematische Bedingung‹.

Diese mathematische Bedingung trifft im entscheidenden Maße die Weise der Kommunikation als Grundbegriff des Sozialen und *conditio sine qua non* der *Humanität des Humanums*. Mit ihrer ›techno-logischen‹ Disposition steht die Definition des Menschen insgesamt auf dem Spiel. Sie schließt die oft genannte Destabilisierung von Mensch und Maschine – bzw. Geist und Materie, Denken und Rechnen –, wie sie im ›Transhumanismus‹ und den Cyborg-Manifesten propagiert worden ist, ein. Keineswegs wird, wie verschiedentlich behauptet, in der Kybernetisierung die ›Postmoderne‹, wenn darunter die Dekonstruktion der klassischen Metaphysik und ihrer Unterscheidungssysteme verstanden werden soll, vorgedacht,[48] vielmehr

—

48 So spricht etwa Andrew Pickering von der Kybernetik als einer Wasserscheide, »die uns von der Moderne und der ungebrochenen

46

setzt sie diese fort, indem die einstigen Differenzsysteme einer Entgrenzung durch das Mathematische, das selbst auf sehr klaren Dichotomisierungen beruht, geopfert werden, um noch die Grenze zum Humanen zu überschreiten. Was sich mathematisieren lässt und was nicht, fällt mit der Möglichkeit der Diskretisierung, der Binarisierung zusammen, die ihrerseits der *Logik der Entscheidung* gehorchen, die jedoch von der ›Logik‹ *der Differenz und des Unentscheidbaren der* ›*Unter-Scheidung*‹ *noch zu unterscheiden wäre.* Ein mathematisierter ›Mensch‹, ein mathematisiertes Denken oder eine mathematisierte Kommunikation sind etwas anderes als Kommunikation, Denken oder Mensch, weil sie eine diskretierte Kommunikation, ein binarisiertes Denken oder einen zerschnittenen und in sich geteilten ›Menschen‹ bedeuten, *in* welche technoide Elemente integriert oder *an* die beliebige ›techno-logische‹ Systeme angedockt werden können. Der Vorstellung ist die Modularisierung und damit Digitalität immanent.

—

Gültigkeit ihrer maßgeblichen Unterscheidungen wie Geist und Materie, Seele und Körper, Natur und Kultur, Mensch und Maschine trennt«, zitiert nach Michael Hagner, Erich Hörl, »Transformation des Humanen«, in: dies. (Hg.): *Transformation des Humanen*, Frankfurt/M. 2007, S. 14. Die Herausgeber des Bandes, besonders aber Hörl, heben auf die Relevanz der Kybernetik für eine Veränderung des Menschenbildes ab, auf die »Unhaltbarkeit einer Sonderstellung des Menschen«: »Nicht umsonst ist die Kybernetik mehrfach als vierte Kränkung der Menschheit nach Kopernikus, Darwin und Freud angesehen worden, indem sie das Denken nicht mehr ausschließlich dem Menschen vorbehalten betrachtet«. Ebd., S. 10. Trotz der früheren Rede von ›Elektronengehirnen‹ und der heutigen von ›intelligenten Systemen‹ kann allerdings in keinster Weise davon die Rede sein, dass das ›Privileg‹ des Denkens inzwischen auf andere Strukturen übergegangen sei: Was Maschinen können, berührt nicht einmal das, was Denken heißt.

Das Neue an der Konstellation zwischen ›Mensch‹ und Maschine unter den Prämissen ihrer Kybernetisierung ist daher nicht, dass ihr ›Unter-Schied‹ im Schwinden begriffen ist, sondern ihre Einebnung. Die Protagonisten der Indifferenz, der Entgrenzung von Mensch und Maschine, argumentieren hier einseitig, weil die zweite Seite der Differenz, nämlich der ›Mensch‹, das Denken oder die Kommunikation bereits vorab auf das Schema der Digitalität zugeschnitten worden ist und in deren Licht beurteilt wird. Denken und Maschinen-›Denken‹ können jedoch, wie im Turingtest, nur dann ununterscheidbar werden, wenn die Frage ihrer Unterscheidbarkeit allein im Entscheidungsregister gestellt und beantwortet wird. Unentscheidbarkeit und Indifferenz sind jedoch ebenso wenig dasselbe wie Bestimmtheit und Entscheidbarkeit. Folglich erfüllen sich Denken, Kommunikation oder die Sozialität des ›Menschen‹ weder in Begriffen der Digitalität und Entscheidung noch der Übermittlung und des Transports, vielmehr sind sie ohne die Erfahrung von ›Alterität‹ nicht ausbuchstabierbar, in der stets schon die Momente der Fremdheit, der radikalisierten Differenz, des ›Unter-Schieds‹ oder der *différance* mitschwingen. Ihnen wird unter den Bedingungen ›techno-logischer‹ Diskretierung der Boden entzogen. Sinn und Bedeutung sind ebenso wie Kreativität und ›Ent-Scheidung‹ im emphatischen Sinne des ›Entschlusses‹, der Setzung oder des Anfangens Kategorien, die sich allein im ›Angesicht‹ des Anderen, am Ort von Alterität und in Gestalt von Responsivität ›er-geben‹, wohingegen die ›techno-logische‹ Binarisierung sie immer schon ausgeräumt und gelöscht haben wird. Sie erweisen sich in deren Metier als nicht rekonstruierbar.

Der Preis der Feier des ›Techno-Logischen‹ lautet darum nicht Entdichotomisierung, sondern ›Ent-Fremdung‹. Ihre einzige Option ist *die* Option. Entsprechend schreibt sie die Geschichte eines Verlustes, einer Verdrängung. Sie zieht zwischen dem Entscheidbaren als der Logik des Digitalen und dem ›Unentscheidbaren‹ eine schroffe Grenze. Ihre andere Seite ist die scheinbare Alternativlosigkeit des Technischen, seine Totalisierung, die tatsächlich eine diskursive Totalisierung repräsentiert, weil der Diskurs sein buchstäblich ›Anderes‹ nicht mehr kennt. Wenn mit Bezug auf Roland Barthes' vielgescholtenes Diktum vom »Faschismus der Sprache« von einem »Zwang zum Sagen« (*d'obliger à dire*) die Rede war, wenn es heißt: »Ich sage, ich behaupte, ich hämmere ein, was ich wiederhole«, wobei die obligatorische Setzung der Behauptung im Französischen den Doppelsinn des *j'affirme*, der Gleichzeitigkeit des Behauptens und Bejahens besitzt, dann gilt für die »technologische Bedingung« derselbe Vorwurf, denn ich kann nur teilnehmen, indem ich mich anschließe, indem ich zusage, indem ich also affirmiere, sodass das Netz als Emblem ›techno-logischer‹ Kommunikation ebenso wie die Digitalität als Zeugnis einer Entgrenzung zwischen ›Mensch‹ und Maschine *seine eigene Behauptung wie Affirmation* schon mit eingeschlossen hat und die Technizität der Technik bereits bejaht haben muss, bevor ich mich zu ihr kritisch oder neutral, visionär oder pessimistisch, fasziniert oder ablehnend verhalten kann. Mehr noch, Partizipation, wie immer sie ausfällt, ob ›demokratisch‹ oder ›fascistisch‹, impliziert immer den gleichen ›Zwang zur Anschließung‹; sie forciert mit der Ausrichtung der Netze zugleich die *Obligationen des Sichanschließen-müssens* und damit die Weise der Kommunikation, von der nicht abgewichen werden kann. Es geht also technisch nicht allein um die Bereitstellung oder Organisation einer Möglichkeit des Austauschs, der Aufzeichnung oder Sammlung und Konvertierung von Daten, die so oder anders genutzt werden könnten; es geht im Grunde überhaupt nicht um die Information *als* Information, sondern um die ›*bedingungs-lose*‹ *Aufrechterhaltung ihrer Zirkulation.* Das meint ›Fascismus‹: Die ›Anforderung‹ des Modells ist die ›Forderung‹ seiner Erfüllung.

Man kann noch einen Schritt weiter gehen. Denn Anschluss anstelle von Kommunikation bedeutet die gleichzeitige Tilgung des ›Ko-‹, oder ›Kom-‹ der Kommunikation als Grundform des Sozialen, die Nancy nicht zu Unrecht auf die »Mit-Teilung«, das »Mit-Erscheinen« (*comparution*) zurückgeführt hat.[49] Das Mit-Erscheinen trägt die Kommunikation allererst aus, lässt sie anfangen. Demgegenüber besetzt im Technischen der Beginn sowenig wie das Schweigen eine mögliche Stelle, vielmehr hat die Stille einzig statt im Moment des Stillstandes, der Abschaltung der Apparate, ihres Zusammenbruchs oder ›Un-Falls‹. Ähnliches gilt vom Blanchot'schen »*inavouable*«, dem ›Unbekennbaren‹, dem Nancy gleichfalls bescheinigt hat, »nicht der Ordnung des Mitteilbaren (anzugehören) (…): sondern es eröffnet die Rede«.[50] Anders ausgedrückt, das, was die

---

49 Vgl. Jean-Luc Nancy, »Das gemeinsame Erscheinen. Von der Existenz des ›Kommunismus‹ zur Gemeinschaftlichkeit der ›Existenz‹«, in: Joseph Vogl (Hg.), *Gemeinschaften. Positionen zu einer Philosophie des Politischen*, Frankfurt/M. 1994, S. 167–204.
50 Vgl. ders., *Die herausgeforderte Gemeinschaft*, Zürich 2007, S. 35.

Kommunikation erst ansetzen lässt, was sie »gewährleistet und riskiert«[51] oder unterbricht und abreißen lässt, kann nicht selbst wieder Teil einer technischen ›Anordnung‹ sein. Das Anfangen, die Eröffnung besitzt kein Korrelat im Technischen: Das impliziert auch, dass die Vernetzung aus sich heraus keinerlei Vorentscheid für irgendein politisches Mandat oder Regime trifft, denn das Netz kann alles Mögliche sein: Ort einer Banalität wie der Infamie, einer Anonymität oder Exzentrik wie gleichermaßen eines entfesselten Konsums – und manchmal auch einer politischen Bewegung. Es ist, um nochmals die *Leçon/Lektion* Roland Barthes' aufzugreifen, weder politisch noch apolitisch, sondern einfach nur eine *Form der Konditionierung, der* ›*Abrichtung*‹. Was daher Flusser noch unter den Prämissen einer epochalen Entscheidung zwischen »Fascismus« und »Telematik« diskutierte, gilt im bereits vorentschiedenen Rahmen des ›Techno-Logischen‹, der damit schon anerkannt und als einzige Möglichkeit gesetzt worden ist. Ihr ›Manichäismus‹, der im Übrigen seinen Spiegel in den West-Ost-Konflikten zu der damaligen Zeit hatte, erweist sich letztlich als alternativlos, weil wir in beiden Fällen mit der Technizität des Technischen, mit ›Ge-Stellen‹ und Systemen konfrontiert sind, die die Wahl bereits entschieden haben, bevor sie gestellt wurde. Zwar wird zuweilen in einer abermaligen Verkennung von einem Ende des Zeitalters obstruktiver Massenmedien und von neuen Praktiken der Subjektivierung im Zeichen sozialer Netzwerke und des *Web 2.0* gesprochen, doch sollte eher von

---

51 Ebd., S. 42.

deren Serialisierung und Zersplitterung ausgegangen werden. Durchweg handelt es sich nämlich um *Multitudes*, bei denen allein die Quantität, die Anzahl der *User* oder *Follower* zählt, weshalb sich der Erfolg technischer Vernetzung ausschließlich nach Mitgliedern bemisst, die der Menge von Anschlüssen korrespondieren, als ein Überborden der ›Zahlreichen‹, deren einzige Beziehungs- oder Kommunikationsform die *Teilnahme* und gerade nicht ›Teilhabe‹ ist. Was daher Nancy die »Mysterien der Gemeinschaft«, die Kraft des »Teilens« genannt hat, wie ebenso das, was Heidegger mit »Fuge« meinte, das also, was im Unterschied zur »Struktion« sich überhaupt erst im Sinne eines Zusammenschlusses, einer »Versammlung« fügt, zerfällt in strikte *Ent-Teilhabe*. So kehrt inmitten der ›techno-logischen‹ Herstellung von Ordnung, des *Ordo ab chao* im Zeichen übernetzter Netze die Unregierbarkeit zurück, allerdings in erneuter Anspielung auf einen Heidegger'schen Ausdruck als »Unfuge«, als Anomie.[52] Sie entzieht dem Politischen seine Stätte als Frage, als Problem einer ›Mit-Teilung‹ von »Welt«, von der Nancy ohnehin gesagt hat, dass sie in ihrem Innern zerbricht.[53] Das Politische büßt daher seinen Platz ein, *es ist nicht mehr der Fall – es ist im Fall/Sturz.*

---

52 Heidegger, »Der Spruch des Anaximander«, a.a.O., S. 327.
53 Nancy, *Die herausgeforderte Gemeinschaft*, a.a.O., S. 21.

Sozialität als mathematisches ›Projekt‹

Es ist in diesem Zusammenhang unerheblich, dass *ein* maßgebender Impulsgeber für die Dynamik dieser Entwicklung die Militärtechnik war, wie nicht nur Friedrich Kittler, sondern auch Norbert Wiener unterstrichen hat[54] – tatsächlich wurde die Entwicklung besonders in den Labors der US-amerikanischen Kriegsmaschinerie vorangetrieben: Ihr Innovationsschub wäre ohne sie nicht möglich gewesen. Doch ist hier allein von Interesse, dass sich auf diese Weise jene ›kybernetische Hypothese‹ formatierte, die weniger die Kybernetik als Theorie, d.h. als einen Teil angewandter Mathematik betrifft als vielmehr die mit ihr verbundene globale »Wette« auf die *Möglichkeit einer neuen Form technoider Sozialität*. Sie geschieht als Verknüpfung von Biologie und Ökonomie unter Führung mathematischer Modellierungen. Das Ganze menschlicher Kultur scheint sich auf diese drei kardinalen Systeme (Biologie, Ökonomie, Mathematik) zu beschränken, die ein und demselben Modus gehorchen: *formale Rekursivität als Prinzip ihrer Generativität*. Leben ist ›Zurückkommen auf‹ wie gleichermaßen Rechnung ein ›Zurückkommen auf‹ bedeutet – die Kluft zwischen beiden überbrückt

---

54 Wiener, *Kybernetik – Regelung und Nachrichtenübertragung*, a.a.O., S. 22, auch S. 24f., 35; ferner Friedrich Kittler, *Optische Medien. Berliner Vorlesung*, Berlin 2002, z.B. S. 23, 39; ders., *Short Cuts*, Frankfurt/M. 2002, S. 251.

die Analogie, *die hier nichts anderes bedeutet als eine äußere Ähnlichkeit.* Alles andere, insonderheit das, was sich dem Modell nicht fügt: die Willkür des Begehrens, die Unberechenbarkeit der Charaktere, die Kontingenz der Geschichte, um nur wenige Beispiele anzuführen, fällt aus, bildet keinen Teil der Deskription und damit auch keinen Teil ihrer verfügbaren Strukturen. *Insbesondere schickt sich aber das Prinzip der Rekursivität an, das politische Problem der Ordnung von an sich unkalkulierbaren Multitudes durch die Medien der Schaltung, Regelung und Rückkopplung ihrer zugrunde liegenden Kommunikationswege und damit durch Bemächtigung des anarchischen ›Rauschens‹ menschlicher Denk- und Handlungsformen zu besorgen* (Ordo ab chao / Order from Noise), *die stets im Begriff sind, sich entropisch in Chaos zurückzuverwandeln* (Ordo ad chao).

Dass dabei der Begriff der Kommunikation im Zentrum steht – genauer: die Verkopplung der Nervensysteme mit den Schaltwerken der Kommunikation – erscheint nicht nebensächlich, konstituierten sich doch die klassischen politischen Systeme aus der Zeit der Aufklärung bis zur bürgerlichen Epoche über die Individualisierung und deren Repräsentation, wohingegen die entstehenden Massengesellschaften im Ausgang des technisch-industriellen Komplexes durch ihre ökonomische Befriedigung sowie durch die Festlegung und Verwaltung der Kommunikationsströme befriedet werden sollten. Organisierten jene die Herrschaft als Repräsentation mittels legitimierter Gesetzesstrukturen, setzen diese allein auf die Vernetzung und Steuerung zwischenmenschlicher Interaktionen *als Schlüssel zu einer Gouvernementalität der Zukunft.* Wer die Kommunikativität kontrolliert, kontrolliert nicht nur die Menschen, sondern auch das, was sie entscheiden, sagen, wünschen oder tun und lassen. Dabei geht es nicht darum, diese einer lückenlose Überwachung zu unterziehen und ihre Übertragungswege zu begrenzen – solche Praxis nährt sich noch am überkommenen Schema der Disziplinierung und enthüllt darin ihren latent paranoiden Charakter –, vielmehr handelt es sich darum, sie gerade auszubauen, zu überdehnen und noch zu vervielfältigen. Hier zeigt sich die ganze Crux der Flusser'schen Utopie. Denn die ›Bündelung‹ der Kanäle beruht ja gerade auf ihrer Freisetzung, wie umgekehrt ihre Öffnung auf ihrer ›Bündelung‹, und zwar aufgrund der zweifachen Logik, die Ströme durch ihre Installation zu vektorisieren und durch ihre Vektorisierung zu beschleunigen. Die Effektivität der Regierung von Interaktion beruht also weder auf einer Steigerung von Macht noch auf einer Politik der Unterdrückung, *mithin auch nicht auf einer Fortsetzung der traditionellen Instrumente des Politischen, sondern es genügt, sie im Register autopoietischer Systeme frei entfalten zu lassen, um vermöge ihrer inhärenten Produktivität deren gleichzeitige Bahnung und Ausrichtung immer schon mit einzuschließen.* Kybernetik – im weiteren Sinne – vollstreckt ihre Realisation. Die Geburt der Medienwissenschaften – oder besser: eine bestimmte Form von Medientheorie – verdankt sich der Verkennung, die annimmt, dass die Netze oder Kanäle ein genuin basisdemokratisches Potenzial besäßen, dass aus ihnen herrschaftsfreie Räume gebildet werden könnten, dass sie technologisch umprogrammierbar seien, weil sie – im Prinzip – jedem Nutzer die gleichen Chancen und Mittel zur Verfügung stellten. Das Gegenteil ist der Fall: *Sie sind Regime der Ermächtigung, der Dressur. Sie sind es gerade durch ihre Offenheit, durch die Tatsache, dass an ihnen alle beteiligt sind.* Wenn deshalb die Rede von ihrer Demokratisierung überhaupt sinnvoll sein kann, dann bestenfalls in der Bedeutung einer Egalisierung der Kontrolle, ihrer Interiorisierung durch Selbstanschluss. Wir sind unsere eigenen Kontrolleure, und zwar dadurch, dass wir nichts weiter tun als die technischen Systeme zu benutzen oder sie für unsere Zwecke auszubeuten. Demokratie, die stets eine Theorie der Teilhabe und der Widerständigkeit mit einschloss, kehrt dabei ihren eigenen Sinn um, weil nunmehr der Begriff des Widerstands mit dem der Störung oder Hemmung zusammenfällt. Ihre Ausräumung oder Reparatur, d.h. die Wiederherstellung der Funktionen, liegt im Interesse der Optimierung der Netze, die wiederum die Illusion von Freizügigkeit und Partizipation steigert. *Tatsächlich verstärkt sie, im Resultat, die faktische Departizipation.*

Dringt man noch ein Stück tiefer in die Prinzipien kybernetischer Vernetzung ein, erweisen sich ihre zentralen Metaphern der *Information* und der *Rückkopplung* als immer schon mathematisch terminiert. Deren Anerkennung impliziert folglich die Anerkennung ihrer Mathematik. Deshalb kommt ihnen grundsätzlich ein Modellstatus zu. Modelle stehen für sich; ihre Gültigkeit bezieht sich nicht auf eine Wirklichkeit, die sie zu beschreiben vorgeben, vielmehr bildet ihr immanentes Kriterium allein ihre Kohärenz und Konsistenz. Darin gleichen sie selbst schon mathematischen Begriffen. Wie die Existenz mathematischer Gegenstände einzig an Widerspruchsfreiheit gekoppelt ist, *sind* sie, weil sie *möglich sind*. Ihnen umgekehrt ein ontologisches oder epistemologisches Mandat zu verleihen, hieße, sie verfehlen. Vermerkt beispielsweise Heinz von Foerster, dass Norbert Wieners Abhandlung *Time, Communication, and the Nervous System* im Wesentlichen darauf abziele, »eine Beziehung zwischen dem unidirektionalen Fluss der Ereignisse in der stochastischen Thermodynamik und dem unidirektionalen Fluss der Ereignisse in der Kommunikation aufzuzeigen«,[55] dann entspringt der Aufweis dieser Beziehung einer Analogisierung. Sie ist durch nichts verbürgt. *Das heißt es, in Modellen zu denken*: Entscheidend ist, ob sie Resultate zeitigen, nicht, ob sie *adäquat* sind. Fragt man in diesem Sinne nach der Adäquanz des informationstheoretischen Kommunikationsmodells, das die Datenübermittlung auf das technische Problem der Übertragung und diese auf die, wenn auch bipolare, Unidirektionalität von Sender und Empfänger zurückführt,[56] erweisen sich alle diese Elemente

———

55 Von Foerster, »Zirkuläre Kausalität«, a.a.O., S. 24.
56 Vgl. Shannon, »Eine mathematische Theorie der Kommunikation«, a.a.O., S. 11f . Sender und Empfänger *sind* schon technische Apparaturen, vorweg gehen Codierungen und Decodierungen der nichttechnischen Anfangs- und Endpunkte, d.h. ihrer ›Übersetzung‹ in statistische Größen, deren Physik auf Signalreihen fußen, sodass die komplette Kette lautet: Quelle – Codierung – *Sender – (Kanal) – Empfänger* – Decodierung – Adressat und das technische Problem des Informationstauschs sich auf *Sender – (Kanal) – Empfänger* beschränkt. Man darf diese nicht mit einem Paar Sprecher / Hörer verwechseln, wie es in vereinfachten Versionen vielfach geschieht; es handelt sich vielmehr um *Stellen oder Positionen in einer ausschließlich technischen Anordnung*, d.h. um eine formale Reduktion zum Zwecke des Modells. Die einzige Frage lautet dann: Was leistet das Modell? – nicht, ob es angemessen ist. Ausdrücklich hat Heinz von Foerster in *Epistemologie der Kommunikation* aus der Perspektive seines radikalen Konstruktivismus diese klassischen

für die Kommunikativität als gerade *nicht* relevant, weil die Reziprozität des Austauschs allein auf dem Wege der Sequenzialisierung hergestellt werden kann. Sie setzt zeitliche Taktung voraus, während die zwischenmenschliche Verständigung ›taktlos‹ geschieht.

Ähnliches hatte bereits Jean Baudrillard im *Requiem für die Medien* Hans Magnus Enzensbergers allzu optimistischem *Baukasten zu einer Theorie der Medien* entgegengehalten, indem er die Informatisierung und ihren Exzess der Anschlüsse als eine »Rede ohne Antwort« bezeichnete.[57] Sie nimmt in ihrer Überproduktion selbst die Gestalt eines Rauschens an. Massenmedien, so Baudrillard in der ihm eigenen provokanten Diktion, seien dadurch charakterisiert, dass sie »Nicht-Kommunikation fabrizieren«. Sie seien dasjenige, »welches die Antwort auf immer untersagt«, weil sie die Relation des symbolischen Tausches derart gestalteten, »dass nirgends darauf geantwortet werden kann. (...) Augenblicklich bewegen wir uns in einer Zeit der Antwortlosigkeit, der Unverantwortung.«[58] Die »kybernetische Illusion« ihrer »Reversibilität« sei darum von »Reziprozität« und diese von Responsivität zu unter-

---

Vorstellungen als bloßen *Austausch von Informationen* kritisiert, soweit diesen das Bild einer »Röhre« zugrunde liegt, durch die ›Pakete‹ hin und her geschoben würden – um ihnen allerdings ein Rekursionsmodell entgegenzuhalten, das das Bild einer konvergenten Reihe aufruft, ohne sich Rechenschaft über die Konvergenzbedingungen abzulegen. Modelle verweisen bestenfalls auf interne Geltungskriterien, nicht auf externe. Vgl. Heinz von Foerster, *Wissen und Gewissen*, Frankfurt/M. 1993, S. 269–281.
57 Jean Baudrillard, »Requiem für die Medien«, in: ders., *Kool Killer*, Berlin 1978, S. 83–118, hier: S.91ff.
58 Ebd., S. 91, 92 passim.

scheiden: »Das ist zweifellos der tiefere Grund dafür, dass die kybernetischen Systeme sich so blendend darauf verstehen, heute diese komplexe Steuerung, diesen Feed-Back [sic] ins Werk zu setzen, ohne irgendetwas an der Abstraktheit des Gesamtprozesses zu ändern oder irgendeine wirkliche ›Verantwortung‹ im Tausch durchgehen zu lassen.«[59] Und sarkastisch setzte Baudrillard hinzu, dass folglich die Medien ihrer Bestimmung nach nicht nur »nicht (…) revolutionär«, sondern »nicht einmal (revolutionär)« seien, weil die technische Realisation der Reziprozität nicht nur »technisch überhaupt kein Problem«, sondern »überhaupt kein technisches Problem« sei: »Jeder Versuch, die Inhalte zu demokratisieren, sie zu unterwandern, die ›Transparenz des Codes‹ wiederherzustellen, den Informationsprozess zu kontrollieren, eine Umkehrbarkeit der Kreisläufe zu erreichen oder die Macht über die Medien zu erobern, ist hoffnungslos.«[60]

Diese Volte deckt sich mit der hier vertretenen Diagnose: *Das technische Problem der Kommunikation induziert deren Domestikation dadurch, dass sie ihr eine einzige Richtung verleiht, deren Korrelat der Kanal und dessen graphische Abbreviatur die Linie ist. Sie macht den Linearismus universal.* Abermals offenbart sich damit die Linearität – und nicht ›Nichtlinearität‹ oder Differenzialität entgegen ihrer kultur- und medienwissenschaftlichen Fehldeutung – als die zugrunde liegende Prämisse ihrer Modellierung. *Sie schließt die unbedingte Aufrechterhaltung der Flüsse ein. Nicht* was *kommuniziert wird ist wesentlich, auch nicht*

—

59 Ebd., S. 108.
60 Ebd., S. 90, 91 passim.

unbedingt wie, *sondern* dass *sie eine Richtung hat und um jeden Preis am Leben gehalten werden muss.* Die Forderung ist, wie Tiqqun treffend bemerkt hat, die vollkommene Zirkulation der Information zu garantieren, d.h. »ein Progressismus in der Logik von Strömen«.[61] Hinzu kommt, dass es nirgends um Inhalte, um Semantik geht, denn das jeweils Kommunizierte spielt nicht die geringste Rolle, sondern ausschließlich seine *Fluidität.* Die »Krise des Sinns« (Nancy) löst sich in die unbedingte Freizügigkeit der Ströme auf, die nicht zum Stillstand kommen dürfen. Man *muss* – technisch – kommunizieren, die Zirkulation der Informationen garantieren, ihre ›Anordnung‹ einlösen und ihren internen ›Befehlsstrukturen‹ Folge leisten, weil der Abbruch der Interaktion, das Schweigen die Nichtteilnahme und damit Ausschluss aus den Systemen bedeuten. Es gibt ein *Diktat zur Interkonnektivität: Instant Messengers* und *Social Networks* bilden derzeit dessen vorläufige Höhepunkte.

Ähnliches gilt für die Shannon'sche Gleichsetzung des Informationsbegriffs mit dem statistischen Begriff der negativen Entropie – sie greift der Formel des *Order from Noise* bzw. *Ordo ab chao* insofern vor, als ›Entropie‹ thermodynamisch nichts anderes als den ›Big Chill‹, den ›Wärmetod‹ oder den Zerfall und die Auflösung von Ordnung meint, wohingegen die negative Entropie *auf einen Zuwachs an Ordnungsstrukturen* zielt. Der Begriff der Information ist dem gleichgestellt: Die Homologie erhellt, dass Information nicht ›Information‹, d.h. Wissen bedeutet, sondern

---

61 Tiqqun, *Kybernetik und Revolte*, a.a.O., S. 63.

eine Strukturalität – genauer: geordnete Mengen, deren Anzahl an Wahlentscheidungen ihr ›Maß‹ wiedergibt. Je komplexer die Ordnung, desto größer die Information – ein im Grunde kontraintuitives Resultat, das mit der Aussage Shannons übereinstimmt, dass die »[s]emantische(n) Aspekte der Kommunikation (…) irrelevant (sind) für das technische Problem«.[62] Denn keineswegs kann der Grad der Komplexität gewaltlos mit einem Grad von Informationalität identifiziert werden, wie die Kunst erhellt – man denke an Robert Rauschenbergs monochrom weiße Leinwände oder sein *Erased De Kooning Drawing* von 1951, dessen Ordnungsgrad gegen Null tendiert. Auch in diesem Sinne ist der Informationsbegriff, wie alle anderen kybernetischen Kernbegriffe, ein *Modellbegriff*: Er rekonstruiert nicht den intuitiven Begriff der Information, sondern definiert ihn im Rahmen des mathematisch Modellierbaren. Es gilt, was berechenbar ist.

Übertragung gelingt dann einzig durch die diskrete Zerlegung einer Nachricht, die im Übrigen auf unterschiedliche Weise erfolgen kann und deren ›Übersetzung‹ in elektrische Impulse aus dem Informationsgehalt nichts anderes macht als ein syntaktisches Muster von Optionen aus einem Vorrat von Möglichkeiten, der grundsätzlich binär strukturiert ist und dessen numerische Darstellung nichts anderes sein kann als eine Zweierpotenzreihe und deren Logarithmus (*bits*). Voraussetzung ist allerdings noch die *Homogenität der Datenmenge* sowie die *Gleichwahrscheinlichkeit der Wahlen*, sodass der Einfluss des Kanals

—

62 Shannon, »Eine mathematische Theorie der Kommunikation«, a.a.O., S. 9.

zuletzt nicht oder so gut wie gar nicht vorkommt, denn die einzige Bedingung, die für ihn gefordert ist, besteht in seiner ›Transparenz‹, seiner vollkommenen Durchlässigkeit für alles: Er darf nicht selbst selektiv funktionieren.[63] Demnach lässt die Mathematisierung der Information den Kanal und seine Restmaterialität schrumpfen: Eine perfekte Kanalisierung wäre immateriell, wie sich überhaupt in der Negation von Materialität das mathematische *telos* der Kybernetik spiegelt. Wir stoßen damit auf die spezifische Stelle, an der die unterstellte Egalität der Übertragung, ihre vermeintliche Freiheit von jeglicher Repression oder Vorentscheidung bedeutsam wird, denn der Kanal liefert keine prävalenten oder antizipierbaren Fakten; er schreibt nichts vor; allenfalls stört sein ›Rauschen‹, worin sich statistisch noch der ›Klang‹ der Materialität, seine nie ganz zu löschende Abhängigkeit vom Stofflichen vernehmlich macht. Er bildet die Schwundstufe eines Mediums im Augenblick seines Zurücktretens, sein vollkommenstes technisches Ideal, denn, so Shannon, »der Kanal ist nur das Mittel (*medium*).«[64]

———

63 Es ist dabei von einer Pluralität der Kanäle auszugehen. Abraham Moles unterscheidet in seiner *Informationstheorie und ästhetische Wahrnehmung* von 1958 vier Sorten: Raum, Zeit, natürliche Kanäle wie Wahrnehmung, Sehen, Hören, d.h. Sinnesorgane, künstliche bzw. technische Kanäle wie Anordnungen und Programme usw. Deutlich wird, das hier bereits der Informations- und Kanalbegriff eine weit über Shannon hinausreichende Verallgemeinerung gefunden hat, weil Raum, Zeit und Wahrnehmung selbst schon Kanalformen sind, die diese bereits den Gesetzen der Statistik unterworfen haben.
64 Vgl. Shannon, »Eine mathematische Theorie der Kommunikation«, a.a.O., S. 12.

Doch wenn ›Information‹ nichts anderes meint als eine Auswahlreihe diskreter Signale, die lediglich durch die Signale des Materials durchkreuzt oder überlagert werden können, dann besteht das besondere Problem ihrer mathematischen Formatierung darin, die bestimmten, durch explizite Wahlen erzeugten Signale von den zufälligen oder unbestimmten, d.h. nicht durch Wahlalternativen erzeugten Signale zu unterscheiden, mithin zwischen dem Codierten und dem Uncodierten noch zu differenzieren.[65] Nichts daran rechtfertigt ein Pathos der Freiheit, wie es manche Theorien des Internets immer noch behaupten; es handelt sich allenfalls um eine *Freizügigkeit*, d.h. um *möglichst störungsfreie Zugänge und Verfügbarkeiten, wie sie durch die Codes garantiert werden, deren Präjudiz schon anerkannt worden sein muss, bevor der Austausch oder die Verarbeitung von Information beginnt*. Und wenn von Steuerung oder Lenkung die Rede ist, dann nicht, um diese Freizügigkeit einzuschränken, sondern um sie gerade zu *ermöglichen*, zu virtualisieren und ihre Flüsse noch zu steigern. Garantiert wird diese Ermöglichung

---

65 Man könnte sagen, dass das Mediale sich hier in die Botschaft als Störung einschreibt. Das Mediale ist folglich in der Botschaft das Negative. Daraus folgt: Je mehr ein Kanal rauscht, desto unverständlicher wird eine Information und umgekehrt: $I_e = I_s - f(R)$: Die empfangene Information ist gesendete Information unter Abzug einer Funktion des Rauschens. Absolut störungsfreie Übertragung wäre dann die, in der $f(R) = 0$ ist. Eine solche gibt es allerdings nur, wenn der Kanal zugleich jeglicher Materialität entkleidet wird. Ziel ist dann die rausch- und störungsfreie Übertragung, was nicht nur ein weiteres ›techno-logisches‹ Phantasma bildet, sondern auch sich nicht als wünschenswert erwiesen hat, denn eine Übertragung ohne Rauschen leidet an ihrer Kälte – sie klingt steril.

und Beschleunigung dadurch, dass die Information *absolut ohne Bedeutung ist, dass ihr Strömen gleichsam nichts anderes bedeutet als ein Rauschen.* Das heißt aber, dass sich der Kanal eben dennoch nicht zur Gänze als nicht-selektiv erweist; zwar besitzt er mathematisch keine materielle ›Existenz‹, *doch hat er durch seine mathematische Existenzweise immer schon eine Vorentscheidung auf die Logik der Entscheidung getroffen.* Was er selektiert, ist das Unentscheidbare, mithin das, was im entscheidungslogisch determinierten Informationsbegriff nicht darstellbar ist. Der Freiheitsgewinn der Mathematisierung der Kommunikation korrespondiert mit ihrer restlosen Entwertung. Sie eröffnet deshalb auch keine Sozialität, sondern dichtet sie ab.

›Zyklische Kausalität‹ und der ›Geist‹ in der Maschine

Die ›techno-logische‹ Modellierung der Kommunikation verdankt sich also einer Reihe von Prämissen, deren Ziel ihre mathematisch-technische Repräsentation und Übertragung ist. Insbesondere erweist sich ihre technische Modellierung, soweit sie algorithmisch prozessiert wird, als stets schon entscheidungslogisch präfiguriert. *Vernetzte Kommunikation ist in diesem Sinne entscheidungslogisch ›gebündelte‹ bzw. ›abgerichtete‹ Kommunikation, wie gleichermaßen das vernetzte Soziale ein entscheidungslogisch ›gerichtetes‹ und damit verschlossenes Soziales ist.*[66] Entsprechend übernehmen die technisch-mathematischen Bedingungen die Führung und bestimmen die Abläufe, ihre Strukturen, die Art der Übersetzungen, ihre Verzeitlichung sowie vor allem das, was durch sie darstellbar ist und was nicht. Ihre systematischen Grenzen werden in den meisten medien- und kulturwissenschaftlichen Reflexionen in der Nachfolge Kittlers, die sich hauptsächlich um ihre Technizität, ihre Schalt- und Baupläne und nicht um ihre interne Mathematik kümmern, unterschlagen;

—

66 Es ist aufschlussreich, dass Norbert Wiener, wenn er auf die Automatisierung von Prozessen durch kybernetische ›Maschinen‹ oder Steuerungssysteme zu sprechen kommt, ausschließlich von »Entscheidungsmaschinen« spricht. Maschinen, denen die Mathematik der Kybernetik implementiert ist, gehorchen allein einer ›Logik von Entscheidungen‹. Vgl. Norbert Wiener, *Mensch und Menschmaschine. Kybernetik und Gesellschaft*, Berlin 1958, S. 160.

sogar mehr noch: das Mathematische als ›Vor-Ordnung‹ und ›Verordnung‹, sein ›Dispositiv‹, erscheint einsinnig nur als Ermöglichungsstruktur und nicht zugleich als Engführung, als konstitutive Reduktivität. Es geht allein um die Aufrechterhaltung der Fluidität von Informationen, um nichts als ihr *Fließenlassen selbst*, ihre Selbstbewegung als Obligation, in deren Dienst die Mathematisierung tritt. Dafür steht heute überall die Ubiquität der Netze. Schon mit der Geste des Zugangs, des Einschaltens sind wir in ihren ›Kreis‹ eingetreten und gleichen Eingeweihten, die einem Ritual entsprechen, während wir im Augenblick des Abschaltens zu Exkommunizierten werden.

Und doch ist das freie Flottieren der Informationsströme nicht alles. Es beschreibt lediglich *eine* Kondition in der Grundkonstellation der Moderne, denn jedes Fließen birgt auch die Gefahr eines Überschusses, einer Überflutung – darum bedarf es im gleichen Maße der Einhegung oder Bändigung des Exzesses durch Herstellung von *Stabilität*. An dieser Stelle kommen die biologischen Metaphern der Kybernetik, ihr Organizismus zum Tragen. Kommunikation bedeutet in erster Linie *Selbstorganisation*, d.h. Systemerhaltung als *Autopoiesis*, um gleichsam ›Leben‹ zu werden. *Autopoiesis* wiederum fundiert sich im Paradigma von Steuerung und Kreislauf – wie scheinbar alles ›Leben‹ am Bild des Zyklus hängt, von dessen Zirkulationen die antiken Mythen ebenso künden wie die Schicksale, die Ausmessung der Spanne zwischen Leben und Tod, die Verwissenschaftlichung der Zeit sowie die moderne systemische Evolutionsbiologie und ihre Entsprechung in der Kosmologie. Auch hier haben wir es mit lauter Modellen zu tun – denn nichts spricht für ihre Konstruktionen außer die Erfahrung der Wiederholung, wie sie sich im Begriff des Zeichens und seiner Ökonomien sedimentiert hat, um die Replikation fortan an Prinzipien der Anpassung und Selektion, der Reproduktion und Optimierung zu messen. Wird zum einen die Semiotik ins Modell der Information transferiert, ist es zum anderen die Figur des *Regelkreises*, des *Feedback*, die die entsprechende Generalmetapher der Kybernetik bereitstellt und sie allererst im buchstäblichen Sinne zu einer ›Steuerungswissenschaft‹ macht. Heinz von Foerster wird sie ausdrücklich als »zirkuläre Kausalität«[67] apostrophieren und damit anzeigen, dass wir es mitnichten mit einem revolutionären Paradigmenwechsel, einem Bruch in der Ordnung der Wissenschaften oder einer Diskontinuität in der Geschichte der Rationalität zu tun bekommen, wie manche Verfechter in der Hitze der Ereignisse meinten behaupten zu müssen, sondern weiterhin mit dem Schema der Kausalität, das allerdings die Eigenart besitzt, sich nunmehr mit sich selbst rückzukoppeln und *rekursiv* zu werden. Nicht die Umkehrung der Richtung, die Oszillationen zwischen Ursache und Wirkung, ihre womöglich chaotische Pendelbewegung sind ausschlaggebend, sondern gerade ihre Kontrolle, ihre ›nautische‹ Disziplinierung durch Einziehung von Grenzmargen sowie Prinzipien der Wahrscheinlichkeit und der Rekursivität. Letzteres verweist auf den eigentlichen Grundgedanken Norbert Wieners, den er anhand von Berechnungen

---

67 Von Foerster, »Zirkuläre Kausalität«, a.a.O., sowie ders., »Erinnerungen an die Macy-Konferenzen und die Gründung des Biological Computer Laboratory«, in: Pias (Hg.), *Cybernetics – Kybernetik*, Vol. II, a.a.O., S. 43–64.

ballistischer Kurven erprobte, die sich selbsttätig auf ihr Ziel ausrichteten[68] – ein Ansatz, der die für die gesamte Diskussion maßgeblichen Kategorien wie »Information«, »Störung« und »Codierung« mit dem Vokabular der »Regel«, des Kreisschemas und den Gesetzen der Stochastik zusammenband.[69] *Rekursivität* bildet ihr Schlüsselthema, weil es erlaubt, Rückkopplungen und ihre Zyklizität mathematisch berechenbar zu machen. Gleichzeitig fällt sie sowohl mit dem Begriff des Algorithmus wie auch mit der Turingmaschine als einer Matrix von Regeln zusammen, die ausschließlich über binäre Zustände operiert. Sie beschreibt so einen *Entscheidungsmodus*, wie er auch für den statistisch definierten Informationsbegriff gilt. Tatsächlich binden sich alle diese verschiedenen Elemente unter ihrem Fokus zusammen: Digitalität beschreibt den elementaren Entscheidungsmodus zwischen 0 und 1, Information die »Mächtigkeit« der Menge von Wahlentscheidungen. Desgleichen hängen Entscheidungslogik, Algorithmus, Rekursivität und die Turingmaschine miteinander zusammen – denn für die Lösung eines Problems existiert genau dann ein Rechenverfahren, wenn das Problem durch endlich viele Entscheidungsschritte beschrieben und gelöst werden kann. Der Zusammenhang verspricht, die Kybernetik auf eine einheitliche mathematische Basis zu stellen.

Keineswegs handelt es sich also um eine Abkehr vom Determinismus, um den Einzug einer Akausalität oder Nichtrationalität ins Feld der Naturwissenschaften. Auch

---

68 Wiener, *Kybernetik – Regelung und Nachrichtenübertragung*, a.a.O., S. 32
69 Ebd., S. 9ff.

Heinz von Foerster spricht lediglich von »trivialen« und »nichttrivialen« Maschinen, nicht jedoch von arationalen oder chaotischen, denn wenn auch die Zustände der letzteren nicht klar vorhersagbar erscheinen – Ähnliches gilt bereits für die ›nichtlinearen‹ Differenzialgleichungen höheren Grades zur Beschreibung von Strömungsverhältnissen –, so lassen sie sich dennoch mit stochastischen Mitteln und mit Hilfe rekursiver Prozesse modellieren.[70] Zwar sind alle diese Modelle im Einzelnen bereits Geschichte geworden, gleichwohl zeugt die Virulenz der Begriffe weiterhin von ihrer außerordentlichen Produktivität. Vor allem aber hat sich die ›kybernetische Hypothese‹ ins Unbewusste nahezu sämtlicher Prozesse abgelagert, die mit der *Dynamisierung kultureller Ordnungen*, ihrer Selbstregulierung und *Selbstabrichtung* zu tun haben: angefangen bei der Beschreibung von Arbeitsprozessen über die systemische Gruppendynamik bis hin zu der endlosen Kette von Evaluierungen und Meta-Evaluierungen als Verfahren der Leistungskontrolle in Unternehmen, Universitäten und anderen Institutionen. Die Anwendungen der ›kybernetischen Hypothese‹ reichen von der Organisationslehre über die Psychologie bis zur Informatik. Die Anwendungen operieren – wenn auch nicht explizit, sondern mehr oder weniger implizit – auf der mathematisch-technischen Basis des Feedbacks. Das trifft auch ausdrücklich für die informationelle Technik und ihre Ensembles zu, allem voran für den Computer selbst, der gleichsam ihr getreues ›Abbild‹ liefert. Seine erfolgreiche ›Erfindung‹, mag sie noch so

—

70 Vgl. bes. von Foerster, *Wissen und Gewissen*, a.a.O., vor allem S. 156ff., 175ff., 245ff.

verschlungenen Pfaden gefolgt sein,[71] basiert letztlich auf der Verknüpfung der Theorie der Turingmaschine mit der Von-Neumann-Architektur für Maschinensysteme, die – und das ist in diesem Kontext das Interessante – die Idee der *Rekursivität* unmittelbar auf ihre interne technische Anordnung appliziert. So gerät der Computer zum Modell für kybernetische Modelle; er wird gleichermaßen zu deren *paradeigma* wie ihr *eikon*, ihr *archetypon* wie *prototypon*, sodass es nicht überrascht, wenn er inzwischen als Symbol und Inbegriff einer ganzen Kultur firmiert. Tatsächlich schloss John von Neumann sämtliche technische Module des Computers, bestehend aus *Input*, *Prozessor*, *Speicher, eigentliche Turingmaschine, Decision maker* und *Output* zu einem einzigen Rückkopplungssystem zusammen, sodass fortan seine Elemente ebenso rekursiv operierten, wie sie Daten und Algorithmen auf die gleiche digitale Weise darstellten.[72] Der relevante Befund ist dann,

—

71 Vgl. bes. Pierre Lévy, »Die Erfindung des Computers«, in: Michel Serres (Hg.), *Elemente einer Geschichte der Wissenschaften*, Frankfurt/M. 2002, S. 943: »Keine eindeutigen sozialen ›Ursachen‹ oder ›Faktoren‹, sondern Umstände, Gelegenheiten, denen einzelne Personen oder Gruppen unterschiedliche Bedeutungen beilegen. Keine friedlichen ›Abstammungslinien‹, keine geräuschlose Nachfolge, sondern allenthalben Piraterie, Aneignungsversuche und endlose Erbstreitigkeiten (…). Technische Erfindungen erweisen sich als chaotisches Gewimmel von Basteleien, Neuverwendungen, prekären Verfestigungen operativer Anordnungen. Von all den Agglomerationen zusammengewürfelter Vorrichtungen und disparater Ideen werden einige, oft aus zufälligen Gründen, von der Mehrzahl der Menschen benutzt werden und sich auf Dauer durchsetzen. Sie erscheinen dann als homogene, kohärente technische Gegenstände und besitzen ihre Funktionalität wie eine natürliche Eigenschaft.«
72 Vgl. Herbert Stachowiak, *Denken und Erkennen im kybernetischen Modell*, Wien, New York, 2. verb. u. erg. Aufl. 1969, S. 80ff.

dass die Funktionsweise des Computers praktisch derselben Struktur des Regelkreises gehorcht, wie der Regelkreis – oder, um genauer zu sein: die Rekursion – umgekehrt dessen mathematische Grundlage definiert. Was mathematisch gilt, gilt folglich auch technisch, wie auf der anderen Seite die Technik dem Modell kybernetischer Mathematik folgt. So kann der Computer als Miniaturmodell der kybernetischen Konstellation überhaupt angesehen und im eigentlichen Sinne als ›kybernetische‹ Entscheidungsmaschine verstanden werden.

Bildet zudem die ›Turingmaschine‹ als meta-mathematische Präzisierung des intuitiven Begriffs der Berechenbarkeit die Grundlage aller Programme, so repräsentiert die Kybernetik im selben Maße deren ›techno-logische‹ Architektonik, die aus ihnen durch fortgesetzte Selbstanwendung ein quasi-›intelligentes‹ System zu machen scheint – oder zumindest das, was die Epoche für intelligent hält. Das Etikett ›smart‹, das mittlerweile alle möglichen Alltagsdinge ziert – von Kleidungen über Uhren bis zu Telefonen – zeugt davon. »Du gleichst dem Geist, den du begreifst«, erteilte einst der Erdgeist Faust in Goethes gleichnamigem Drama seine abschlägige Lektion. Dasselbe bestätigt sich hier. Wir haben es mit einer in mehrfachen Kreisen rotierenden *petitio principii* zu tun: Mittels Computerberechnungen sollen komplexe Probleme der Selbststeuerung gelöst werden, die, qua rekursiver Schleifen, dem Computer selbst technisch-mathematisch implementiert sind, sodass das, was dieser prozessiert, wie ein autonomer, sich selbst steuernder Prozess ausschaut, der mit den klassischen Attributen des Geistes verglichen werden kann. Der ›Geist‹ des Computers ist dann nichts anderes als eine Projektion derjenigen Begriffe, die ihn modellierbar machten und das Prinzip der Rekursivität auf die Selbstreferentialität und Selbstreflexivität als Kennzeichnen von Denken applizieren. Selbstreflexion, Selbstreferenz und Rekursivität sind freilich nicht dasselbe: Es gehört zu den hartnäckigsten Mythologemen unserer Zeit, deren ›Geist‹ in Selbststeuerung und Selbstkontrolle kulminiert, dass sich der ›Geist‹ nicht anders vorstellen lässt als wiederum in Prozessen der Selbststeuerung und Kontrolle. Die Kybernetik als deren Disziplin bezeichnet ihr exaktes Korrelat. So entsteht, im verfehlten Umkehrschluss, der Eindruck, es handele sich um eine Universaltheorie, die biologische, kognitive und soziale Selbstorganisationsprozesse in eine einheitliche Sprache fasst. *Sie fungiert als eine solche jedoch nur, weil sie in allen diesen unterschiedlichen Prozessen dasselbe Prinzip, denselben »Regelkreis« und mit ihm dasselbe Schema der Rekursion am Werk sieht.*

Hinzuzufügen ist, dass die nicht wenigen Übertreibungen in der Rezeption der Kybernetik, namentlich in den Kultur- und Medienwissenschaften, die sie ans strukturalistische und poststrukturalistische Vokabular anzuschließen suchen, vor allem an einem spekulativen Gebrauch von Begriffen wie ›Nichtlinearität‹, ›Zyklizität‹ oder ›Rekursion‹ leiden. Es hat den Anschein, als würden zentrale logische Grundsätze wie der Satz der Identität oder das *principium contradictionis* außer Kraft gesetzt. Es war insbesondere Gotthard Günther, der eine *mehrwertige Logik* als ihre Beschreibungssprache vorschlug, die allerdings sowohl ihre Herkunft aus der Hegel'schen Logik nicht verleugnen konnte, als sie – wie diese – die klassischen Prinzipien, vor allem das Identitätsprinzip, gerade beibehielt, ja bestätigte. Mehrwertige Logiken *erweitern* allenfalls das Schema der formalen Logik – sie formulieren weder eine ›andere‹ Logik noch etwas ›anderes‹ als Logik. Zudem lassen sich rekursive Funktionen vollständig im Register formaler Sprachen oder ›Semi-Thue-Systeme‹ abbilden, deren Syntax strikt linear verfährt und die wiederum der Turingmaschine äquivalent sind. Sie installieren deshalb auch kein *Differenzdenken* ins Herz der ›hard sciences‹, wie man meinen könnte,[73] vielmehr erscheint es völlig ausreichend, von ›reziproken‹ Ursache-Wirkungs-Ketten

---

73 Dies wird vor allem deutlich bei Erich Hörl: »Das kybernetische Bild des Denkens«, in: Hagner/Hörl (Hg.), *Transformation des Humanen*, a.a.O., S. 163–195. Der Text impliziert die Gegenüberstellung:

Traditionelles ›Bild‹ des Denkens	Technisches ›Bild‹ des Denkens
Anschauung / Repräsentation	Symbol / Zeichen
Autorschaft	System / Algorithmus
Intentionalität / Geist	Formale Sprache / Turing-maschine
Transzendentale Subjektivität = Fundierung in der Reflexivität des Selbst	Feedback als selbstreferentielles System

Die Opposition funktioniert jedoch nicht nur selbst binär, sondern folgt jener Differenz, durch die auch die ›postmoderne‹ oder genauer post-strukturalistische Innovation gegenüber der klassischen Metaphysik charakterisiert wird. Allerdings funktioniert die Gegensetzung in diesem Kontext mystifikatorisch. Insbesondere bleibt, trotz – oder gerade wegen – des pathetischen Zukünftigkeitstons, dessen sich Hörl bedient, das Verhältnis zwischen Philosophie und Mathematik ebenso unreflektiert wie zwischen der Kybernetik und ihren spezifischen mathematischen Verfahren.

zu sprechen,[74] wie sie das Thermostat als Paradebeispiel eines kybernetischen Rückkopplungsprozesses vorführt. »Regelkreise« ziehen eben *keine* Kreise, sowenig wie Effekte, die zu Ursachen werden, paradox oder chaotisch werden,[75] sondern sie stellen *temporale Verknüpfungen* zwischen Grenzwerten her, die ihrerseits ins Reaktionsschema miteingreifen. Zwar hat man von Jacques Lacans späten Überlegungen in *Psychoanalyse und Kybernetik* her die Logik der Binärzahlen mit den »grundlegenden Oppositionen des symbolischen Registers« in Beziehung gebracht und eine direkte Verwandtschaft zwischen poststrukturalistischer Rationalitätskritik und der ›digitalen‹ Revolution postuliert[76] – doch weder die Turingmaschine noch die

—

74 Auch der Wissenschaftssoziologe Rolf Kreibich schreibt, dass durch die Kybernetik »über die bis dahin in der gesamten Wissenschaft und Technik herrschende linear-kausale Denk- und Handlungsstruktur hinaus« eine Betrachtungsweise entwickelt würde, »in der Wirkungen von Ursachen selbst wieder zu Ursachen von Wirkungen werden und auf die ursprünglichen Ursachen (...) zurückwirken können.« Kreibich, *Die Wissensgesellschaft*, a.a.O., S. 268f. Dies impliziert allerdings nicht die Sprengung des Rationalitätsschemas, sondern nur dessen Erweiterung um eine weitere Position, die ihr grundsätzlich nicht widerspricht. Mathematisch kann dies, wie weiter unten ausgeführt, durch sukzessive Reihen dargestellt werden.

75 Als ein generelles, allerdings nicht notwendiges Merkmal von Paradoxa kann formal eine Selbstanwendung mit einer Negation angesehen werden: Für alle *p* gilt ›*nicht p*‹ und dergleichen. Im Rahmen kybernetischer Zyklen fehlt indessen die Negation. Vgl. dazu auch: Dieter Mersch, »Das Paradox als Katachrese«, in: Ulrich Arnswald, Jens Kertscher, Matthias Kroß (Hg.), *Wittgenstein und die Metapher*, Berlin 2004, S. 81–114.

76 Jacques Lacan, »Psychoanalyse und Kybernetik oder Von der Natur der Sprache«, in: ders.: *Das Seminar Buch II: Das Ich in der Theorie Freuds und in der Technik der Psychoanalyse*, Berlin/Weinheim 1991, S. 373–390; ferner dazu die Lektüren Kittlers z.B. in: Friedrich Kittler,

Kybernetik oder multimodale Netze rühren an die Unent-
schiedenheit des Unterschieds, andernfalls funktionierte
weder die zugrunde liegende Mathematik noch ihre ›Techno-Logie‹. Nirgends werden daher die Kalküle zugunsten
eines Derrida'schen *différance*-Prinzips ausgehebelt, wie
auch Turingmaschinen weiterhin den Regimen der Linearität und Binärität folgen und nicht den Metaphern und
Metonymien der symbolischen Ordnung. Der angenom-
mene Konnex zwischen Elektrotechnik und Dekonstruktion erweist sich nicht nur als Fehlschaltung, sondern als
irrig. Kybernetik fußt auf keinem Differenzdenken, vielmehr bleibt die Logik der Identität wie ebenso der Binari-
tät konstitutiv.

Zudem kann keine wie immer geartete parallele oder
zyklische Kopplung zwischen Turingmaschinen je »höher
mächtig« sein als wiederum eine Turingmaschine, so wie

Draculas Vermächtnis. Technische Schriften, Leipzig 1993, S. 73f., 77
passim. Gelegentlich hat sich Kittler über seine verschiedenen Theorie-
adaptionen selber geäußert, z.B. in: M. Griffin/S. Hermann, »Interview
mit Friedrich A. Kittler«, in: *Weimarer Beiträge* 43/2 (1997), S. 286–
296. Ebenso, an Kittler anschließend, Annette Bitsch, »Die Kybernetik des Unbewußten, das Unbewußte der Kybernetik«, in: Pias (Hg.),
Cybernetics – Kybernetik, Vol. II, a.a.O., S. 153–168; dies., *Diskrete
Gespenster. Die Genealogie des Unbewussten aus Medientheorie und
Philosophie*, Bielefeld 2008. Tatsächlich war Lacan nicht eigentlich an
Mathematik interessiert, für die der Regel- oder Algorithmusbegriff kons-
titutiv ist, sondern – wie Derrida – an der Figur des Spiels. Es gereicht
ihm zum Bild eines sich zeigenden Unbewussten, wobei es sich um eine
Sprache handelt, die er auch als »Schrieb« bezeichnete, von dem man
nicht wisse, was er sage, der sich aber sehr wohl übermittle. Vgl. zur
Fehllektüre Lacans durch die Medientheorie auch Dieter Mersch, »Meta
/ Dia. Zwei unterschiedliche Zugänge zum Medialen«, in: *Zeitschrift für
Medien- und Kulturforschung*, Bd. 2 (2010), S. 185–208.

auch die Netze und das Ausmaß ihrer Verzweigungen *unüberschaubar* werden können, *nicht jedoch nichtlinear*, weil wir es stets nur mit endlichen Mengen zu tun haben, die sich per definitionem linearisieren lassen. Jede Wiederholung erzeugt mathematisch wie technisch immer nur *dieselbe* Wiederholung: Iteration ist hier – anders als im Register der Schrift – *nicht* Alteration, wie auch die Netze an sich weder als nichtberechenbar gelten können noch kreativ sind, sondern allenfalls in dem Sinne indeterminiert, als sie *im Faktischen* nicht auslotbar erscheinen, denn jede Wegalternative lässt ihre Wahlmöglichkeit mit einer Potenz von zwei weiter anwachsen. ›Sub-versionen‹ oder andere Formen von ›Gegensteuerung‹ schreiben ihre Konditionierung nur fort: Sie lassen ihre mathematische Ordnung unangetastet. Es ist daher das Mathematische, das die ›Ontologie‹ der Gegenwart schreibt, nicht die Destabilisierung der Differenzen zwischen Natürlichkeit und Künstlichkeit oder *bios, mechanē* und *technē*, die eine Neubestimmung der ›Orte‹ des ›Menschen‹ und der Technik zu fordern scheint. Die Vervielfältigung der Differenzen steht im Dienst eines Anti-Essentialismus, der die Souveränität der Praxis und ihre Handlungsmacht wieder zurückzuerstatten scheint – tatsächlich jedoch wird diese anti-essentialistische Wirksamkeit durch die Unantastbarkeit der mathematischen Syntax wieder aufgehoben. Flussers Verkennung der ›technischen *fascets*‹ findet ihr Pendant in den medienwissenschaftlichen Verkennungen des Mathematischen der Mathematik.[77]

---

77 Einen ähnlichen Fehler begeht Erich Hörl, »Das kybernetische Bild des Denkens«, a.a.O., S. 167f., wenn er die Geschichte des Denkens

Systemerhaltung contra Kreativität:
Rechts- und Linkskybernetik

Einsatz und Realisation der Regelkreise können allerdings noch unterschiedlich ausgelegt werden. Daran scheiden sich wiederum diejenigen Gruppen im Lager der Kybernetik, denen man das Etikett ›Rechts-‹ oder ›Linkskybernetik‹ zuschreiben kann – eine vielleicht allzu schematische Klassifikation in Analogie zum ›Rechts-‹ und ›Links-Hegelianismus‹, aber dennoch brauchbar, um den Gegensatz zwischen einer Kybernetik als ›Ordnungswissenschaft‹ und einer »Ökologie des Geistes« (Bateson) zu markieren.[78] Zielt die erste Gruppe, zu der Norbert Wiener, Jay Forrester oder Karl W. Deutsch zu zählen wären, auf die Konservativität von Systemerhaltungen, betonen letztere, wie Heinz von Foerster und Gregory Bateson,

—

von Hegel über den Deutschen Idealismus bis zur Ersetzung des Repräsentationalismus durch das »symbolische Denken« und der Formalisierung der Logik seit 1800 verfolgt und dabei den mathematischen Begriff des ›Symbolismus‹ im Sinne eines Systems von Variablen mit der Philosophie des Symbolischen im Anschluss an den Strukturalismus kurzschließt. Beide sind nicht in eins zu setzen; ersterer meint einen algebraischen Wert, letztere entsteht aus einem System von Unterscheidungen. Seit 1800 herrscht im Technischen und den Naturwissenschaften eine logisch-mathematische Form des Denkens vor, die dazu tendiert, Denkprozesse durchweg auf Logik und Mathematik zu reduzieren – man denke an die Boole'sche Algebra, ihre Implementierung in schaltbare Maschinen sowie ihre Rückkopplung mit der Turingmaschine. Sie dürfen nicht mit Semiologie verwechselt werden.
78 Gregory Bateson, *Ökologie des Geistes*, Frankfurt/M 1986.

die Programmierbarkeit von Lernprozessen. Doch worauf auch immer der Nachdruck gelegt wird, *beide berufen sich auf die Regel der Rekursivität*, sei sie stabilisierend oder evolutionär gewendet. Kybernetik – darauf laufen unsere Überlegungen hinaus – ist in erster Linie eine Regelungsdisziplin, deren Grundlage die Mathematik der Rekursion und deren Modell die Kanalisierung der Kommunikationsflüsse bildet, um von dort aus als Zentralmacht gesellschaftlicher Prozesse sowohl auf Pädagogik, Ökonomie, Politik, Kunst und Theologie überzugreifen. Vergessen wir außerdem nicht, dass der Begriff des Feedbacks entlang technischer Vorgänge und ihrer Optimierung, etwa dem Rückfluss überschüssiger oder nicht verbrauchter Energie in denselben Kreislauf oder von Informationen in das System ihrer Verarbeitung, entwickelt worden ist, wobei noch zwischen positiven und negativen Rückkopplungen, d.h. solchen, die öffnen und verstärken, und solchen, die verschließen und restringieren, zu differenzieren wäre. An ihrem Vorzeichen entscheidet sich, zu welchem Zweck sie verwendet werden. ›Rechtskybernetiker‹ geben darauf eine eindeutige Antwort: Ihnen ist es im Wesentlichen um die Anpassung der Systeme durch Adaption fremder Elemente zu tun. Es handelt sich also um eine Frage der Selbststabilisierung einmal etablierter Ordnungen durch Reintegration neuer, noch nicht verarbeiteter Informationen. Ihre Modelle fanden besonders in der Nachkriegszeit in den Politik- und Wirtschaftswissenschaften in Gestalt des *operational* bzw. *operations research* großen Anklang. Es sind daher die Lehren des Zweiten Weltkriegs, die dazu geführt haben, das Politische, statt an autoritäre Disziplinarstrukturen zu binden, aus autonomen Selbststeuerungen hervorgehen zu lassen und ihm eine technisch-hybride Manifestation zu verleihen.[79] Deren kulminatives Produkt ist vielleicht der in den 1970er Jahren von Stafford Beers und Fernando Flores geschaffene *Opsroom* in Chile, der die verschiedensten Datenströme auf einen Zentralpunkt der Beobachtung fokussierte und damit eine perfektes Abbild kybernetischer Gouvernementalität als *social engeneering* abgab.

Die Rechtskybernetik mündet damit in der *Paradoxie einer autoritären bzw. nicht-demokratischen Produktion demokratischer Prozesse.* Das Phantasma kommunikativer Offenheit wird entlang eines technischen Imperativs stabilisiert, der den Idealen der Transparenz, des ›Self-Monitoring‹ und ›Self-Optimizing‹ sowie der beständigen Selbstevaluation und des Feedbacks folgt, wie sie u.a. in den sozialpsychologischen Laboratorien Kurt Levins erprobt und eingeübt wurden. Deswegen hat die Autorengruppe *Tiqqun* ihre theoretischen Wortführer treffend als »Sektierer der Ordnung« bezeichnet:[80] Die Aufgabe der Kybernetisierung, gewissermaßen als ›dritter Kreis‹ der imperialen Kontrolle, reiche bis in die Kapillaren des sozialen Lebens hinein, um zuletzt eine sich selbst disziplinierende Persönlichkeit zu kreieren, sodass jeder, wie es bei *Tiqqun* weiter heißt, »zum bestmöglichen Leiter der gesellschaftlichen Kommunikation, zum Ort einer unendlichen Rückkopp-

---

79 Vgl. Ulrich Bröckling, »Über Feedback. Anatomie einer kommunikativen Schlüsseltechnologie«, sowie Wolfgang Pircher, »Im Schatten der Kybernetik. Rückkopplung im operativen Einsatz: operational research«, beide in: Hagner/Hörl (Hg.), *Die Transformation des Humanen*, a.a.O., S. 326–347 und S. 348–376.
80 Tiqqun, *Kybernetik und Revolte*, a.a.O., S. 11.

lung, die reibungslos vonstatten geht«, werde.[81] Ersichtlich referiert *Tiqqun* dabei auf den Deleuze'schen Topos der »Kontrollgesellschaft«:[82] »Einer der Fortschritte der Kybernetik bestand darin, die Systeme der Überwachung und Verfolgung einzuschließen, indem man sicherstellte, dass die Überwacher und Verfolger ihrerseits überwacht und/oder verfolgt wurden, und das entsprechend einer Sozialisierung der Kontrolle, die das angebliche Kennzeichen der ›Informationsgesellschaft‹ ist.«[83] Es geht folglich um die Automatisierung von Kontrolle in Gestalt komplexer rekursiver Schleifen, die eine Kontrolle der Kontrolle, d.h. eine *Steuerung zweiter Ordnung* hervorbringt und auf diese Weise die Selbstbeobachtung auf Dauer stellt. *Second Order Cybernetics* meint in ihrer rechtskybernetischen Version genau dies: Die Systeme der Selbststeuerung dispersieren und erstrecken sich über sämtliche Bereiche und Akteure des sozialen ›Organismus‹. »Man benötigt«, schrieb fast gleichlautend Jean-François Lyotard schon in den 1980er Jahren, »das beständige und unmerkliche Eindringen von Sendekanälen in das gesellschaftliche ›Fleisch‹ (…).«[84]

Dann vollendet die Kybernetisierung den seit Jahrhunderten vollzogenen Zivilisationsprozess einer Selbstdisziplinierung und -beherrschung, und zwar nicht durch erzwungene Unterwerfung unter ein vorgegebenes Gesetz

---

81 Ebd., S. 32.
82 Gilles Deleuze, »Postscriptum über die Kontrollgesellschaften«, in: ders., *Unterhaltungen 1972–1990*, Frankfurt/M 1993, S. 254–262.
83 Ebd., S. 47.
84 Jean-François Lyotard, *Libidinöse Ökonomie*, Berlin 1988, S. 253f.

oder eine Ideologie, sondern durch das permanente ›Werden‹ der Ordnung im Sinne einer Optimierung der Kommunikationsströme, an die jeder sich nicht nur anschließen kann, sondern *muss*, ja geradezu *nicht anders kann als sich anzuschließen* und sich in ihre Netze zu verspinnen. Alle »auf Souveränität bezogenen Konzeptionen der Macht«, so hatte der Politikwissenschaftler Karl Deutsch mit Rekurs auf Carl Schmitt geschrieben, seien deshalb aufzugeben; stattdessen empfiehlt er in *The Nerves of Government* von 1953 als Regierungs-›Geschäft‹ ausschließlich eine »rationale Koordination« der Informations- und Entscheidungsflüsse im »Gesellschaftskörper«.[85] Es geht also einzig um die Bemächtigung und Beeinflussung der Kommunikation als Dezision: »Die kybernetische Hypothese«, schließt *Tiqqun* vollkommen zu Recht, »formuliert (…) mehr oder weniger die Politik des Endes des Politischen. Sie repräsentiert gleichzeitig ein Paradigma und eine Technik des Regierens.«[86] Anstelle inhaltlicher politischer Auseinandersetzungen regiert vielmehr ein *Terror des Entscheidenmüssens*, dessen Maschinerie sich unerbittlich fortschreibt, rekontextualisiert und ihre Erfüllung aus Funktionsnotwendigkeit erzwingt. Computernetze, *Web 2.0* und *social networks* bilden ihre logische Konsequenz. Nicht die freie »Kommunikationsgemeinschaft«, die durch die Regeln der Aushandlung im Sinne von Jürgen Habermas *von sich her Rationalität verkörpert* und eine Politik der Aufklärung initiiert, garantiert gelingende Sozialität,

---

85 Vgl. Karl Wolfgang Deutsch, *Politische Kybernetik: Modelle, Perspektiven*, Freiburg 1969 (orig.: *The Nerves of Government* 1953).
86 Tiqqun, *Kybernetik und Revolte*, a.a.O., S. 18.

sondern jene gerade von Habermas gescholtene »Sozialtechnologie«, die ebenso systemische wie technologische Lösungen erzwingt und mit dem Verschwinden des Politischen im ›Techno-logischen‹ einhergeht.

Demgegenüber benutzte die besonders im kalifornischen Palo Alto ansässige linkskybernetische Elite dasselbe Vokabular, nicht jedoch, um die Konstitution von Ordnung aus sich selbst steuernden Systemen herzuleiten, sondern um die Feedbackschleifen mit Begriffen der Selbstreferentialität und Reflexivität kurzzuschließen. Beide erscheinen als Teil ebenso *evolvierender* wie *emergenter Wachstumsprozesse*. Die entscheidende Differenz liegt hier: *Ordo ab chao* oder *Order from Noise* als eine aus dem Rauschen mittels zyklischer Prozesse hervorgehende und sich selbst haltende Ordnung oder – alternativ dazu – eine sich beständig erzeugende *neue* Ordnung.[87] Geht es dort um *Autopoiesis* im Sinne einer *statischen Dynamik*, untersucht die Linkskybernetik diese auf ihre *kreativen Effekte* hin. Grundlagentheoretisch dominiert dann nicht länger die *Figur der Übertragung*, deren rekursive Kanäle sich zu funktionierenden Transmissionsschleifen schließen, sondern das *Modell eines unabschließbaren Entwicklungsprozesses*, den Bateson auch als eine »Logik des Lernens« beschrieben hat.[88] »Die regenerativen Potentialitäten« von Systemen und Subsystemen, kritisiert er in seiner *Ökologie des Geistes*, würden »normalerweise durch verschiedene Arten

---

87 »Alles, was nicht Information, nicht Redundanz, nicht Form und nicht Einschränkung ist – ist Rauschen, die einzige mögliche Quelle *neuer* Muster.« Bateson, *Ökologie des Geistes*, a.a.O., S. 529.
88 Ebd., S. 567.

von Regelkreisen im Griff gehalten, um einen ›Zustand des Fließgleichgewichts‹ zu erreichen. (…) Solche Systeme sind in dem Sinne ›konservativ‹, dass sie dazu tendieren, die Wahrheit von Aussagen über die Werte der in ihnen enthaltenen Variablen zu konservieren. (…) Solche Systeme sind homöostatisch, d.h. die Auswirkung kleiner Veränderungen der Eingabe werden negiert und der Zustand des Fließgleichgewichts wird durch *reversible* Anpassung beibehalten.«[89] Dagegen stellte er die Idee des *Spiels*, das an die Stelle eines sich selbst stabilisierenden Gleichgewichts die Probe und das Experiment rückt – doch gehören Spiel und Steuerung genauso wie Experiment und Kontrolle zusammen, wie überhaupt das Spielen, nach Johan Huizinga, einen unverzichtbaren Anteil an der Manifestation sozialer Ordnung hat. Wenn es der ›kybernetischen Hypothese‹ daher um die Wette eines ›freien‹ Austauschs durch universelle Konnektivität und Fluidität geht, dann tendiert die Rechtskybernetik zu Systemen mit rekursiver Schließung, während die Linkskybernetik ihre Konnexionen entlang evolvierender Lernprozesse so ineinander zu verschalten sucht, dass eine ›Öffnung‹ in Gestalt nichtantizipierbarer Wirkungen entsteht. *Und es scheint so, als seien diese ›frei‹.*

Klar ist, dass ›positive‹ oder *sich verstärkende Rückkopplungen* – im Gegensatz zu den restriktiven – dabei eine besondere Rolle spielen. Ihre Anwendungen finden sich besonders bei der Analyse formaler Sprachen, d.h. vor allem in der *Artificial Intelligence* und *Artificial Life-*

---

89 Ebd.

Forschung. Sie verwandeln die klassische Gleichung von *Kommunikation = bipolare, aber unidirektionale Informationsübermittlung* zu der Formel *Kommunikation = permanentes Lernen = Kreativität* mit dem Schlüsselbegriff der Emergenz. Letztere bildet aus Selbstbezüglichkeiten ein Simulationsmodell für *Denkprozesse und ihre unvorhersehbare Reflexivität*. Dabei simulieren Feedbackschleifen ebenso technisch wie mathematisch *Selbstreflexionen durch formale Selbstreferenzen*. Genau darin vollstreckt sich das Programm des kybernetischen Konstruktivismus, Denkprozesse durch eine Mathematik rekursiver Funktionen nachbauen zu können – eine Anmaßung, die sich wie ein roter Faden gleichfalls durch die Geschichte der Computerisierung zieht. Weil jedoch Selbstreflexionen methodisch die systematische Schwierigkeit bergen, *etwas im Medium seiner selbst* derart auf sich zu beziehen, dass es im selben Augenblick sowohl von einem externen Ort als auch von innen betrachtet werden muss, d.h. *sich von sich unterscheiden* oder – was dasselbe bedeutet – *sich zu sich im Status einer Negativität verhalten muss*, neigen sie zur *Bildung von Paradoxien*. Paradoxien fügen sich schwer ins Register des Mathematischen, für das Widerspruchsfreiheit konstitutiv ist. Alles ist folglich daran zu setzen, das Paradox der Selbstreflexion so durch mathematische Rekursionen zu ersetzen, dass es formalisierbar wird. Gleichwohl sind Paradoxien im Denken stets doppelt besetzt: Als logische Schließungen wirken sie verwirrend und münden in Wahnsinn, während sie als nichtlogische Öffnungen allererst Neues – das »Sesam öffne dich, ich möchte heraus« (Stanislaw Jerzy Lec) – zulassen. Dann ist im Falle ihrer kybernetischen Modellierung nichts Geringeres erfordert, als sie mathematisch sowohl auszuschließen als auch im kontrollierten Rahmen zuzulassen. Die Simulation des Denkens auf der Grundlage von Reflexivität verlangt folglich die *Lösung eines double-binds*. Folgt man Gotthard Günther, bilden *nichtklassische Logiken* eine angemessene Antwort; folgt man Heinz von Foerster, sind es *iterative Reihen*, die zu nicht antizipierbaren Werten konvergieren; folgt man Gregory Bateson, können *double-binds* durch Logiken Russell'schen Typs neutralisiert werden. *Doch ist Denken, wie Heidegger zu Recht nicht müde wurde einzuwenden, kein Rechnen.*[90]

—

90 Schon früh hat Heidegger auf die mathematischen Grundlagen der Technik und ihre Nähe zur neuzeitlichen Physik hingewiesen: Das technische Denken sei ein »rechnendes Denken«, das seine Grenze darin findet, das es sich nicht selbst zu inkludieren vermag: »(D)ie Gänze des Berechenbaren ist nicht die Summe des Berechneten, auch nicht das Produkt des vorgreifend in die Rechnung gestellten Restlosen. Die Gänze des Berechenbaren ist das Unberechenbare selbst (...)«, lautet eine Notiz aus den späten 30er Jahren. Vgl. Martin Heidegger, *Das Ereignis*, Gesamtausgabe Bd. 71, Frankfurt/M. 2009, S. 83. Und weiter: »Dieses Erscheinen ereignet sich in den Zeichen. Das Unabwendbare zeigt sich in den Zeichen des Unberechenbaren. Dieses aber zeigt sich in der erzwungenen Gier nach Restlosigkeit. Diese ist Zeichen dafür, dass die Rechnung ohne Rest aufgehen soll. Und darin zeigt sich, dass einzig die Rechnung das Verhältnis zum Seienden lenkt.« Ebd., S. 79. Es sind mithin die Paradoxien des Berechenbaren und seiner Totalisierung, die die Möglichkeit der »Kehre« aufschließen. Dabei bezeichnet die Paradoxie kein logisches Zerwürfnis, sondern im Wortsinne eine *katastrophē*, eine ›Um-‹ oder ›Hin-Wendung‹ zum Nichtberechenbaren. Es bedeutet gleichzeitig das technisch *Unprogrammierbare, der stets übrig bleibende Rest der Restlosigkeit*, der in die Rechnungen und Programme eingeht, aber ungedacht bleibt, weshalb technisch das »einzig Unmögliche«, so Heidegger in seinen *Beiträgen zur Philosophie*, »das Wort und die Vorstellung ›unmöglich‹« sei. Heidegger, *Beiträge zur Philosophie*, a.a.O., S. 442. Keineswegs handelt es sich dabei um ein listiges, aber

———

wirkungsloses Aperçu, vielmehr geht es darum, dass sich die *Technik als ihrer selbst nicht mächtig erweist*: »Das Riesenhafte entfaltet sich im Rechenhaften und bringt so immer ›Quantitatives‹ zum Vorschein, ist aber selbst als unbedingte Herrschaft des Vor- und Herstellens eine ihrer selbst nicht mächtige und in ihrer höchsten Selbstgewißheit gerade sich niemals wissende Verleugnung der Wahrheit des Seyns zugunsten des ›Vernünftigen‹ und ›Gegebenen‹.« Ebd. Technik ist Rechnung, Verfügung, aber sie vermag sich selbst so wenig zu berechnen oder zu verfügen wie aus sich selbst zu überwinden.

Im geschlossenen Kreis des Mathematischen

Das ›Fascistische‹ der Kybernetik, das ist letztlich die hier verfochtene These, besteht analog zur Intervention von Roland Barthes nicht darin, zu unterdrücken, sondern zu forcieren. Die Kybernetisierung erzwingt dabei nicht nur eine bestimmte Form von Kommunikation, sondern auch eine bestimmte Form zu denken, die ihrerseits wieder ins kybernetische Modell zurückfließt. Beginnt ihre ›Hypothese‹ mit der entscheidungslogischen Ausrichtung und Abrichtung der Kommunikation, wird deren Mathematik zugleich aufs Denken appliziert, das seinerseits die kybernetische Hypothese trägt. Dabei transformiert sich Selbstreflexivität in Selbstreferenz, Referenz in Rekurrenz und diese wiederum in Rekursivität. Stufenweise reduziert die Kette das Denken und seine Fähigkeit zur Reflexion auf eine mathematische Form. Mit der Totalisierung des Rekursiven als einem mathematischen Absoluten wohnt ihr zugleich ein Hegelianismus inne, der die Figur der Selbstreflexion des Begriffs, wie sie Hegel mit Bezug auf die Dialektik als einer »Prozesslogik« (Bloch) des Geistes ins Zentrum seiner *Logik* und der *Phänomenologie des Geistes* stellte, nunmehr durch Regelkreise und Feedbackschleifen ›techno-logisch‹ substituiert. Damit wird die Hegel'sche Philosophie durch ein technisches Ensemble von Funktionalismen abgelöst, dessen Kern die Idee der Rückkopplung ist, die auf der Basis der Gleichsetzung von Rekursion = Selbstreferenz = Selbstreflexion sich anschickt, sowohl den Raum des Denkbaren als auch Sagbaren zu programmieren. Nichts anderes drückte auch Heinz von Foerster aus, wenn er schrieb, dass »diese Begriffe (›Feedback‹, ›Geschlossenheit‹, ›Zirkularität‹, ›zirkuläre Kausalität‹ etc.) *conditiones sine quibus non* [sind], die Samen, die Zellkerne einer physiologischen Theorie der mentalen Aktivität«, durch die »die Zusammenhänge vorgeführt (werden), innerhalb derer wir von Reflexion sprechen können, das heißt sich selbst durch sich selbst sehen, das heißt sich selbst verursachen, die kürzeste kausale Schleife; sein Wissen wissen, eine Epistemologie darüber, woher und nicht was wir wissen; eine experimentelle Epistemologie.«[91]

Nicht nur Warren McCulloch oder W. Ross Ashby, sondern auch Alan Turing und John von Neumann hatten bereits Mitte der 1940er und 50er Jahre von der Analogie zwischen Gehirn und Rechenmaschine geträumt, weil die Synapsen des Nervensystems, gleich den Maschinenzuständen *On* und *Off*, entweder feuern (= 1) oder nicht (= 0), sodass sie neuronalen Schaltplänen des Denkens zu gleichen schienen, die sowohl der Boole'schen Algebra als auch der Mathematik der Turingmaschine homolog seien. Aus dieser Sicht ergibt sich ein offenkundiger Parallelismus zwischen der mentalen Struktur des Gehirns und einer logischen Maschine, in der jeder Schluss nach dem Muster

---

91 Von Foerster, »Zirkuläre Kausalität«, a.a.O., S. 20 und 23 passim. In *Wissen und Gewissen*, a.a.O., S. 296 heißt es: »Der Begriff der Selbstorganisation ist vielleicht der allgemeinste Begriff für die Beschreibung dieser faszinierenden Prozesse, die in organisatorisch geschlossenen, energetisch (…) aber offenen Systemen auftreten.«

der Entscheidungslogik gezogen wird und sich damit zu einem Rechenexempel verdichtet, das wiederum durch den Begriff des Algorithmus oder, was dasselbe bedeutet, der Rekursivität formalisierbar erscheint. Es ist gleichzeitig jene Einsatzstelle der *Second Order Cybernetics*, die der Formel *Order from Noise* allererst ihre spezifische Brisanz verliehen hat: Was Heinz von Foerster »Wissen wissen« oder »sich selbst sehen ›sehen‹« bzw. »Verstehen verstehen« genannt hat,[92] erweist sich als Produkt endloser Rekursionsketten, die in den Regelkreissystemen der Nervenbahnen verankert seien und nicht anders können, als sich ununterbrochen auf sich selbst zu beziehen und ›Geist‹ als Effekt zu produzieren. Man muss allerdings sehen, dass weder automatische Systeme, wie Hilary Putnams Gedankenexperiment von den »Gehirnen im Tank« zu zeigen versucht hat,[93] ihre eigene Bezugnahme auf etwas *als* Bezugnahme, mithin die Struktur ihrer eigenen Intentionalität zu rekonstruieren vermögen, noch können Cyborgs ihre implizite Physik nachbauen, sowenig wie logische Maschinen kreativ sein können. Letzteres folgt unmittelbar aus dem Umstand, dass die ›Unwahrscheinlichkeit‹ der Kreativität mathematisch nur mittels stochastischer Funktionen als berechenbarer Zufall modelliert werden kann. Entsprechend bezeichnet *noise*, das ›weiße Rauschen‹ des informationstheoretischen Kanals, nicht eigentlich das ›Chaos‹, sondern das *statistisch* Ungeordnete. *Order from Noise* nennt dann die Gewinnung von Ordnung aus Zufallsreihen

---

92 Vgl. z.B. ders., *Wissen und Gewissen*, a.a.O., S. 282–298.
93 Vgl. Hilary Putnam, *Vernunft, Wahrheit und Geschichte*, Frankfurt/M 1990, S. 15–40, bes. S. 21ff.

durch wiederholte Selbstanwendung, bis aus Kontingenz eine Struktur entsteht und aus dem Konturlosen sich eine Gestalt abzeichnet. *Sie lässt eine mathematische Ordnung aus einem bereits mathematisch modelliertem Chaos entstehen.* Das ›Ereignis‹ als Eröffnung, als Auftauchen eines Neuen hat darin allerdings keinen Platz, wie die kläglichen Misserfolge der Computerkunst hinreichend dokumentiert haben.[94]

Um darüber hinaus den informationstheoretischen Modellen der Kommunikation zu einer breiteren Basis zu verhelfen und einerseits die Idee der *Reziprozität* miteinzubeziehen und andererseits der Fundierung von Sinn in Sinnlichkeit gerecht zu werden, hat Heinz von Foerster eine infinite rekursive Verknüpfung zwischen dem, was er *Sensorium* und *Motorium* nannte, angenommen. Sie koppeln Wahrnehmung mit Bewegung, indem beide wechselseitig aufeinander reagieren. Erst bei fortlaufender Rekursion, so die Annahme, entstehe *Bedeutung*, wobei unter ›Bedeutung‹ wiederum informationstheoretisch ein ›erkennbares Muster‹ verstanden wird.[95] *Order from Noise* erhält dann die spezifischere Deutung einer Erzeugung

---

94 Vgl. dazu Dieter Mersch, »Kunstmaschinen. Zur Mechanisierung von Kreativität«, in: Gerhard Gamm, Andreas Hetzel (Hg.): *Unbestimmbarkeitssignaturen der Technik*, Bielefeld 2005, S. 149–168; ders., »Positive und negative Regeln. Zur Ambivalenz regulierter Imaginationen«, in: Jörg Huber, Gesa Ziemer, Simon Zumsteg (Hg.): *Archipele des Imaginären*, TG 06, Zürich 2009, S. 109–123, sowie ders., »Spiele des Zufalls und der Emergenz«, in: *Maske und Kothurn. Internationale Beiträge zur Theater-, Film- und Medienwissenschaft*, 2008 (54. Jg.), Heft 4, S. 19–34.
95 Muster gleichen nach Bateson Metainformationen, die aus Informationen generiert werden, d.h. Informationen zweiter Ordnung. Sie sind

von Sinn aus anfänglich noch unstrukturierten Bedingungen. Sie gleichen wiederum den Bateson'schen Lernvorgängen, die – und das ist die Pointe des Vorschlags – sich als konstitutiv erweisen für die Entstehung von Bewusstsein, Denken, Erkenntnis und Verstehen. Ihre Formel lautet: $S \circ M(m_i) = m_j$ mit der willkürlichen Anfangsstellung m_0 und der induktiven Bildung von $m_1 = S \circ M(m_0)$, sodass eine unendliche Reihe $S \circ M(S \circ M(S \circ M(\dots (m_0) \dots)))$ entsteht, die, obgleich in jedem einzelnen Wert unbestimmt oder chaotisch, spontan einem Konvergenzpunkt entgegenstreben kann.[96] Die entscheidende Idee ist also, dass solche und ähnliche Prozesse nicht notwendig leer oder zirkulär ausfallen, sondern dass sie in bestimmten Fällen auf unvorhersehbare Weise zu neuen, vorher nicht bekannten Zuständen zu führen vermögen. Die ›Emergenz‹ des Neuen, ebenso wie das *Order from Noise*, verdankt sich folglich einem Konvergenzgeschehen analog einer mathematischen Reihenbildung, die im Endlichen sich sinnlos verhalten mag, *im Unendlichen jedoch zu nichtchaotischen Zuständen tendiert*, sodass höhere Organisationen, die *Second order*, aus zuvor ungeordneten Zuständen entstehen können. Die Crux der Argumentation ist allerdings eine Zweifache: *Erstens* handelt es sich erneut lediglich um ein Modell, das nur der *Möglichkeit* nach besteht, nicht der Notwendigkeit nach; *zweitens* bleibt es die Angabe eines zureichenden Konvergenzkriteriums schuldig, sodass offen bleibt, was der Ausdruck $S \circ M(S \circ M(S \circ M(\dots (m_0) \dots)))$

—

von »grundlegend anderer Ordnung (…) als die Information«. Vgl. ders., *Ökologie des Geistes*, a.a.O., S. 527.

96 Vgl. von Foerster, *Wissen und Gewissen*, a.a.O., S. 276–278.

bedeutet. Mathematische Möglichkeiten beschreiben allenfalls virtuelle Existenzen, keine realen. Wir haben es mit einem mathematischen, keinem philosophischen Argument zu tun, das Gültigkeit allein im Rahmen von Widerspruchsfreiheit besitzt, das folglich weder angemessen noch unangemessen, passend oder unpassend ist, sondern einfach nur fiktional. Weder ist die Mathematik auf einfache Weise auf die Natur anwendbar noch auf das Denken: Sie bezieht sich vor allem auf sich selbst – und »es trifft sich so«, wie es Nicolas Bourbaki formuliert hatte, »ohne dass wir wissen warum –, dass gewisse Aspekte der empirischen Wirklichkeit in diese Formen passen«, deren Abstraktion sie sind.[97]

Gleichzeitig demonstriert die Argumentationsform aber noch ein Weiteres: Foerster – und dasselbe gilt *mutatis mutandis* für Gregory Batesons *double-bind*-Hypothese – umgeht das Problem der konstitutionellen Paradoxie von Selbstreflexionen, indem er sie in eine unendliche Rekursionsreihe auflöst und damit disambiguiert. Nicht nur ›entfaltet‹ er die Paradoxie zu einer Art umgekehrtem infiniten Regress, sondern er implementiert ihr auch eine Sukzession, d.h. die Struktur einer *Verzeitlichung*, die im ›Zurückkommen-auf‹ stets das Moment einer Verspätung oder Nachträglichkeit mit sich führt.[98] Es handelt sich also gleichsam um gebremste oder ›kontrollierte Paradoxien‹, wie sie

—

97 Nicolas Bourbaki, »Die Architektur der Mathematik«, in: Otte, Michael (Hg.), *Mathematiker über die Mathematik*, Berlin, Heidelberg, New York 1974, S. 140–159, hier: S. 158.
98 Es ist in diesem Zusammenhang insbesondere aufschlussreich, dass Heinz von Foerster ein Rechnen mit Rekursionen bevorzugt; vgl. etwa *Wissen und Gewissen*, a.a.O., S. 252ff. und 276ff., während Gregory

auch für die Luhmann'sche Systemtheorie gelten, die in der Fortsetzung von Unterscheidungen und Beobachtung sowie der Beobachtung des Beobachters als »Beobachtung zweiter Stufe« stets nur temporal geordnete Anschlüsse produziert. Beides aber gehört zusammen: *Formalisierung von Reflexionsprozessen zu rekursiven Schleifen einerseits und Temporalisierung der Paradoxie zu endlosen Ketten aufeinander bezogener Differenzen andererseits.* Radikaler und d.h. nichtantizipierbarer Reflexion als Merkmal des Denkens ist auf diese Weise genauso wenig beizukommen wie durch Algorithmisierung. Sie vollzieht sich in Sprüngen. »Das rechnende Denken«, kritisierte denn auch Heidegger in seiner Rede über *Gelassenheit* von 1955, »kalkuliert. Es kalkuliert mit fortgesetzt neuen, mit immer aussichtsreicheren und zugleich billigeren Möglichkeiten. Das rechnende Denken hetzt von einer Chance zur nächsten. Das rechnende Denken hält nie still, kommt nicht zu Besinnung. Das rechnende Denken ist kein besinnliches Denken, kein Denken, das dem Sinn nachdenkt, der in allem waltet, was ist.«[99] Vielmehr errichtet es, wie man ergänzen könnte, syntaktische Regime, die sich anschicken, nicht nur das Bild, das wir vom Denken besitzen, technisch zu entstellen, sondern auch dasjenige des Sozialen und Politischen, um sie restlos den Kategorien ihrer Programmierung zu unterwerfen. Deren Grenzen bilden zugleich die Grenzen des Mathematischen.

Bateson der Russell'schen Stufenlogik folgt, vgl. ders., »Double bind«, in: ders., *Ökologie des Geistes*, a.a.O., S. 353–361.
99 Martin Heidegger, *Gelassenheit*, Pfullingen 1959, S. 12, S. 13.

Damit schließt sich der Kreis: Wenn die Kybernetik die spezifische Form einer Gouvernementalität der technologischen Kultur der letzten 120 Jahre mit ihrer Substitution des Sozialen und Politischen durch Mathematik und Technik darstellt, dann realisiert sich Kulturalität fortan durch das Prinzip einer fortlaufenden Rekursion, die die endlosen Zirkulationen einer Kommunikation produzierenden Kommunikation am Leben hält und perpetuiert. Ihre mediale Form ist das Netz, das durch die nämlichen Prinzipien der Rekursion bzw. des Regelkreises gesteuert, d.h. auch geordnet wird und sich zu zyklischen Formationen organisiert, denen es nunmehr um ihren eigenen Fortbestand geht. Was Heidegger als »Ge-Stell« bezeichnete, konkretisiert sich unter den Bedingungen der Computisierung und Kybernetisierung in vernetzten Netzen. Sie programmieren das, was sich als ›techno-logisches‹ Soziales bezeichnen lässt. *Order from Noise* ist sein mathematisches Emblem. Kreativität im Sinne der beständigen Emergenz des Neuen bildet dessen Korrelat ebenso wie die »Kultur der Kreativen« deren »Subjektile« darstellen. Gleichermaßen fußen sie auf Rekursionen als ihrem einzigen Gesetz wie möglichen Reflexionsprinzip, wie umgekehrt Freiheit allein darin besteht, der Norm der Entscheidung zu genügen. Die Monstrosität der ›kybernetischen Hypothese‹ ist darin beschlossen: Ihr Konzept einer ›techno-logischen‹ Gouvernementalität bleibt mathematisch kohärent und damit opak, ohne ihr Anderes, ihre Grenze, das Singuläre oder Nichtprogrammierbare noch gewahren zu können. Es kommt dann auch nicht länger auf die Auslotung dessen an, was das ›gute Leben‹, ›Gerechtigkeit‹ oder ›Alterität‹ bedeuten könnten, sondern allein darauf, *sich zu entscheiden, sich ständig und immer wieder entscheiden zu müssen oder sich nur noch entscheiden zu können und nichts anderes zu können als sich unablässig weiter entscheiden zu müssen.* Resistenz erliegt solchem Zwang. Wie das Politische verschwindet, so auch die Orte möglichen Widerstandes. Sie bleiben in der Verkettung potenzieller Wahlen gefesselt. Darum hat *Tiqqun* nur noch auf eine Totalverweigerung gesetzt. Sie kann ihrerseits jedoch nichts anderes sein als das Eingeständnis einer Ohnmacht.